Rainer Maria Rilke, geboren am 4. Dezember 1875 in Prag, ist am 29. Dezember 1926 in Valmont/Schweiz gestorben.

Im Mittelpunkt dieser drei selbständigen Arbeiten *Die Liebe der Magdalena*, *Portugiesische Briefe* und *Die vierundzwanzig Sonette der Louïze Labé* steht jeweils eine Frau: Jede dieser drei Frauen versucht ihre Gefühle, ihre Liebe auszudrücken, sei es nun die weltliche Liebe oder die Gottesliebe. In einem Brief an Ilse Blumental-Weiß schreibt Rilke am 29. Dezember 1921: »Ja, die Stimme der Maria Alcoforado, Nonne zu Beja, ist eine der wunderbarsten, gültigsten durch die Zeiten hin –, heute wie je. Was könnte da je anders werden: der Schrei wird immer der gleiche sein. (Nur hat nicht jedes Herz so starke Stimme in seinem Leid!) – die Frauen haben ja nichts als diese unendliche Beschäftigung ihres Herzens, dies ist ihre völlige Kunst, an der die Männer –, die im Ganzen anders beschäftigt sind, nur momentan, als Pfuscher und Dilettanten, oder, was schlimmer ist, als Usuriers des Gefühls bestärkend und schon wieder verstörend, Anteil nehmen.«

insel taschenbuch 355
Rainer Maria Rilke
Die Liebenden

Rainer Maria Rilke
Die Liebenden

DIE LIEBE DER MAGDALENA

PORTUGIESISCHE BRIEFE
DIE BRIEFE DER MARIANNA ALCOFORADO

DIE VIERUNDZWANZIG SONETTE
DER LOUÏZE LABÉ

INSEL VERLAG

insel taschenbuch 355
Erste Auflage 1979
Insel Verlag Frankfurt am Main und Leipzig
© Vermerke am Schluß des Bandes
Alle Rechte vorbehalten
Hinweise zu dieser Ausgabe am Schluß des Bandes
Vertrieb durch den Suhrkamp Taschenbuch Verlag
Umschlag nach Entwürfen von Willy Fleckhaus
Satz: LibroSatz, Kriftel
Druck: Nomos Verlagsgesellschaft, Baden-Baden
Printed in Germany

8 9 10 11 12 – 03

DIE LIEBE DER MAGDALENA

‹1912›

Ein französischer Sermon
gezogen durch den Abbé Joseph Bonnet
aus dem Manuskript Q I 14 der
Kaiserlichen Bibliothek zu
St. Petersburg

Magdalena, Jesu heilige Liebende, hat ihn geliebt in seinen drei Zuständen. Sie hat ihn geliebt als Lebendigen, sie hat den Toten geliebt, den Auferstandenen hat sie geliebt. Dem gegenwärtigen und lebenden Jesus Christus hat sie die Zärtlichkeit ihrer Liebe unter Taten bewiesen; dem toten und bestatteten die Ausdauer ihrer Liebe; aber die Geduldlosigkeiten und die Ausbrüche, das Wüten, die schwindelnde Schwachheit und Ausschweifung ihrer verlassenen Liebe hat sie für den gehabt, der in den Himmel fuhr, für Jesus Christus, den auferstandenen.

Wenn ich Magdalenen an den Füßen Jesu zuseh, so mein ich die entwegte Liebe zu sehn, die sich härmt über ihr Abgewichensein und bei den Füßen dessen, der der Weg selber ist, nach dem rechten Wege verlangt. Drängt sie die Liebe dazu? Ihre heißen Küsse sprechen dafür; das Wort Jesu Christi bestätigt es. Aber was für eine Liebe ist diese Liebe Magdalenens? Die Liebe kann alles; die Liebe wagt alles; die Liebe ist nicht nur frei und zutraulich, sie ist auch erkühnt und voller Unternehmung; und ich seh Magdalenen, wie sie hinten bleibt, wie sie nicht wagt, die Augen aufzuheben und dieses Gesicht anzuschauen, wie sie es schon für ein zu großes Glück hält, auch nur diesen Füßen zu nahen, ich seh sie seufzen und nicht sprechen; ich seh sie weinen ohne eine Aussicht auf Trost, sie giebt alles was sie hat und alles was sie ist und bringt es nicht einmal über sich, um seine Gnade zu bitten. Wenn dich die Liebe treibt, Magdalena, was fürchtest du denn? Wage doch alles, unternimm doch was du willst. Denn die Liebe weiß nicht sich zu bescheiden, ihr Verlangen ist ihre Vorschrift, ihre Entzückung ist ihr Gesetz, sie hat kein Maß als ihr Übermaß. Sie hat Furcht vor nichts, als daß sie fürchten könnte; ihr Besitzrecht beruht in der Kühnheit, auf alles Anspruch zu machen, und in der Freiheit, alles zu versuchen.

Aber freilich: diese Anrechte hat die Liebe nur unter der Voraussetzung, daß sie immer den rechten Weg geht. Wenn sie sich verlaufen hat, so muß sie auf weiten Umwegen zurückkommen und muß zittern und muß fernbleiben und weinen über ihre Verirrung und durch ihre Beschämung ihre Fehler versühnen. Liebe, wofür bist du denn eigentlich gemacht? Für das Schöne und für das Gute, für das Einige und für das Ganze, für die Wahrheit und für das Wesen und für die Quelle des Wesens: und das alles, das ist Gott selbst. Ja, wärest du immer gerade auf Gott zugegangen, du würdest alles wagen mit Jesus Christus, du würdest alles an ihm unternehmen. Der Gott, der Mensch geworden ist, um den Menschen zu gehören, hätte sich ganz deinen Umarmungen überlassen, die rein gewesen wären und trotzdem frei, ruhig und sanft und eifrig und unersättlich zugleich. Du würdest ohne Furcht alles beanspruchen und alles besitzen ohne Ausnahme. Aber, Liebe, du hast dich verloren an fremde Gegenstände, für die du nicht gemacht warst. Komm zurück, armer Landstreicher, komm zurück, aber komm in Furcht aus gerechter Strafe dafür, daß du deine Freiheit hast irrgehn lassen; komm zusammengeschnürt von Schmerz, denn du sollst die Not deiner losen Ausgelassenheiten auftragen; gedemütigt und erniedrigt komm zurück, damit alle erkennen, daß du dreist genug warst, das Joch abzuschütteln und deines obersten Herrn zu vergessen.

Die Liebe vereint, die Sünde trennt, aber die büßende Liebe hat etwas von beiden. Magdalena stürzt zu Jesu hin: das ist die Liebe; Magdalena wagt nicht, Jesu zu nahen: das ist die Sünde; sie tritt mutig ein: das ist die Liebe; sie nähert sich in Angst und außer sich: das ist die Sünde; sie macht die Füße Jesu duften: das ist die Liebe; sie begießt sie mit ihren Tränen: das ist die Sünde. Sie löst und vergeudet ihr Haar: das ist die Liebe; um die Füße Jesu zu trocknen: das ist die Sünde; sie ist gierig und unersättlich: das ist die Liebe; sie wagt nichts zu begehren: das ist die Sünde. Aber sie weint, aber sie seufzt; aber sie schaut auf, aber sie schweigt: das ist die Liebe und die Sünde in Einem. Wie ist diese Bußliebe doch artig mit ihren kühnen Unterwerfungen, ihren unterdrückten Freiheiten, ihren zitternden Übergriffen. Ja noch einmal, wie artig ist sie, indem sie liebt aus Ehrerbietung, indem sie Gerechtigkeit übt und verzichtet auf die Rechte, die ihr dem Namen nach und in ihrer Eigenschaft als Liebe zukommen, nur um durch ihre bußfertigen Gefühle die Gerechtigkeit über alles einzusetzen.

Hören wir, was die Liebe spricht im Hohenlied. Da atmet sie ja nichts als die Vereinigung, die keuschen Küsse, die vertraulichsten Umarmungen des Gemahls. Kühn und ungestüm wie sie ist, beginnt sie: Er küsse mich mit dem Kusse seines Mundes. Auch die büßende Liebe würde ohne Zweifel gleich am Anfang sich diesem reizenden Eifer überlassen wollen; aber die Verlegenheit ihres wüsten Lebens läßt nicht zu, daß sie in so hoher Entzückung rede; statt mit der Geliebten zu singen: Er küsse mich mit dem Kusse seines Mundes: wie unendlich glücklich schätzt sie sich schon, sagen zu dürfen: Er dulde mich mit meinem Kusse an seinen Füßen. Dies ist das

Hohelied der Bußliebe; Maria Magdalena stimmt es an mit ihren Tränen, mit ihrem Schluchzen, mit der Melodie ihres Stillseins.

Nun dürfen wir trotzdem nicht glauben, sie verzichte völlig auf die Umarmungen des Gemahls. Alle diese lieben Zärtlichkeiten, von denen sie sich zu entfernen scheint in der Überzeugung, ihrer nicht wert zu sein, – in einem geheimeren Sinne strebt sie sie an. Hingeworfen zu Füßen des Freundes, ganz beschäftigt mit diesen geheiligten Füßen und ohne Mut, sein Gesicht auch nur anzuschauen, umarmt sie ihn doch schon geistig innen im Herzen. Aber sie unterdrückt dieses Verlangen, das zu frei ist nach ihren Sünden; und indem sie es unterdrückt, giebt sie ihm ein anderes innigeres und köstlicheres Dasein. Dieses Verlangen, das die Demut aufhält, geht auf einem anderen Weg zu seinem Gegenstand hin. Es nähert sich, indem es sich zurückzieht: die Haft, die es sich auferlegt, schenkt ihm die Freiheit. So wunderbare und geheimnisvolle Schliche hat die büßende Liebe; sie rückt vor, wenn sie flieht; sie erreicht das Gut, das sie verfolgt, indem sie es gewissermaßen verwirft. Sie wagt nicht, dem Freund mit jener Freiheit der Geliebten zu sagen: Komm, komm, Geliebter meines Herzens, komm schnell; aber sie findet das Mittel, ihn auf eine andere Weise zu rufen, wenn sie spricht: Gehe von mir, gehe von mir. »Herr, gehe von mir hinaus«, sagte der heilige Petrus, »ich bin ein sündiger Mensch.« Was für ein neues und unerhörtes Verfahren, einzuladen, indem man abstößt. Aber der Gemahl versteht diese Sprache. Er weiß zu erkennen, daß man ihn sehr dringend begehren muß, um ihn so zurückzustoßen; und dieses Begehren nach seinem Besitz, das sich ausdrückt durch das

Gegenteil, rührt ihm das Herz und erregt sein Mitleid; denn er sieht zugleich das Ungeduldige einer wahrhaft liebenden Seele und ihr geheimes Seufzen, das um so heftiger ist, je weniger es laut zu werden wagt, und den Zwang, den ihre Liebe sich antut, wenn sie, aus lauter Ehrfurcht, sich nicht offenbart. Dann bricht die Natur seiner eigenen Güte durch, voll Verlangen, wie sie ist, sich in sein Geschöpf auszugießen, und drängt ihn im Sinne jener Seele, die selbst nicht den Mut hat, ihn zu drängen; so sehr, daß er sie im Mitleiden der Gewalt, die sie an sich übt, überholt und, zuvorkommend, in der zugesagten Gnade sie seiner erwidernden Liebe versichert. »Ihr sind«, sprach er, »viel Sünden vergeben, denn sie hat viel geliebet.« Du siehst also, Bußliebe, wie stark dein Geheimtun, deine Verhaltung, dein Stillsein auf das Herz Jesu zu wirken vermochte. Magdalena, die nichts begehrte, hat alles erlangt, denn Jesus war im Grunde ihres Herzens und hörte dort alles, was sie sagte, und hörte noch besser, was zu sagen über sie hinausging.

Ich werde nicht müde, die wunderbaren Verhältnisse unserer heiligen Büßerin zu betrachten, den Streit und die Verständigung ihrer eifervollen Gerechtigkeit mit ihrer zum Angriff anstürmenden Liebe. Besessen von ihren Gefühlen, wagt Magdalena fast nicht, sich Jesu zu nähern, und doch kann sie nicht von ihm lassen. Welche Mitte magst du finden, Liebe, um solche Widersprüche übereinzustimmen und Liebe und Recht zu versöhnen, die die entgegengesetztesten Entschlüsse herausfordern? In Folgendem vollzieht sich ein Mittleres: Magdalena, ohne Jesum zu umarmen, wirft sich zu seinen Füßen: damit befriedigt sie die Gerechtigkeit; und wie geschickt und erfinderisch ist sie nicht darin! Indem sie sich an die Füße macht, hält sie Jesum ganz: und so geschieht ihrer Liebe Genüge. Jesus kann ihr nicht mehr entgehen, er ist festgehalten an seinen geheiligten Füßen, und ich meine, Maria Magdalena zu hören, wie sie mit der Geliebten sagt: »Ich halte ihn und will ihn nicht lassen«, oder mit Jakob: »Ich lasse dich nicht, du segnest mich denn«, oder vielmehr, Jakob übertrumpfend: »Ich lasse dich nicht, auch dann, wenn du mich gesegnet hast.« Und wirklich, Jesus segnet sie und verzeiht ihr ihre Sünden, aber damit verläßt sie ihn nicht: so wie sie irgend kann, kommt sie immer wieder zu seinen Füßen: denn es ist ihr nicht um seine Segnung zu tun, sondern um ihn selbst.

Was sehe ich da, Liebe! In Wahrheit, ein wunderbares Schauspiel: Magdalena in Jesu Gefangenschaft und Jesus in der Gefangenschaft Magdalenens. Wenn sie ihr Haupt Jesu zu Füßen legt, macht sie sich deutlich genug zu seiner Gefangenen; aber mit seinen Füßen nimmt sie zugleich ihn gefangen. Auf welche Weise hält sie die Füße Jesu? Sie hält sie mit ihrem Munde und küßt sie tausend- und tausendmal; sie hält sie mit ihren Augen und übergießt sie mit ihren Tränen; sie hält sie mit ihren Händen und umfaßt sie und umölt sie. Aber alles das hält nicht auf, dazu braucht es Ketten. Löse dein Haar, Magdalena, und binde damit die Füße Jesu. O zärtlichste Ketten, die Magdalena bereit hat, um ihren Besieger zum Gefangenen zu machen! Keine Angst, Magdalena, der, so im Hohenlied bekennt, daß er sein Herz mag binden lassen mit einem einzigen Haar seiner Geliebten, wie soll er seine Füße herausfinden aus dem Netz aller deiner Haare? Aber vielleicht entkommt er doch, vielleicht kann er mit Leichtigkeit diese Fesseln zerreißen?

Nein, nein, such nicht nach andern. Du mußt wissen, daß darin das Geniale der Liebe liegt: sie weigert sich nicht, gefangen zu sein, nur will sie zu gleicher Zeit auch ihre Freiheit haben. Das heißt, sie will gefangen sein nur durch ihren eigenen Willen. Sie will Fesseln, die sich sanft anfühlen und zärtlich sind. Fesseln, die stark sind, nur weil man nicht daran denkt, sie zu brechen. Deine Haare reichen also aus, um ihn zu nehmen und festzuhalten, du könntest keine besseren Bande finden.

Ob ich es wage, hier zu sagen, was ich denke? Diese Tränen, dieser verschwendete Wohlgeruch, dieses Haar, das diese Füße trocken macht: ich bewundere in alledem die reizenden Zärtlichkeiten, ja, wenn ich meinen Gedanken wirklich ganz wiedergeben soll –, die heiligen Galanterien der büßenden Liebe. Nein, ich kann nicht bereuen, daß ich mich so ausgedrückt habe. Es liegt eine Art wahrhaftiger Galanterie darin, die Jesu das Herz gewinnt, alles Zubehör weltlicher Galanterie geringzuschätzen und nachlässig an seinen Füßen abzulegen. In dieser Handlung kommt ihre Liebe, dieser Liebe Einfalt und Bescheidenheit gleichsam von selbst dazu, das Eitle und alle Weltlichkeit und alles Wohltun der profanen Liebe zu übertreffen. Mitten unter diesen Liebkosungen, in denen die Bußliebe zu Füßen Jesu sich ausgiebt, vergeht Magdalena in Tränen und ist nicht zu trösten darüber, daß sie so spät begonnen hat, Jesum zu lieben. Sie fängt an zu fühlen, wessen ihr Herz fähig war, und es betrübt sie über die Maßen, so lange schlecht mit der Liebe umgegangen zu sein. Sie giebt sich selbst die Schuld; ihren Augen, die eine Sintflut von Tränen ertränkt; ihrer Brust, an die sie härtlich schlägt; ihrem Herzen, das sie mit ihrem Schluchzen zerreißt; aber sie ist zu schwach, eine solche Schmach zu rächen, und so hält sie ihr Haupt an die Füße Jesu wie ein Opfertier, das sie seinem Zorn unterstellt.

Und wie sie nun fühlt, daß er statt eines Blitzstrahls Gnadenstrahlen hat für sie, regt sie sich auf; wieder packt sie ein Schauer, wieder gerät sie in Wut wider sich selbst; und da keine Marter kommen will, läßt sie sich überwältigen und zugrunde richten durch das Wohltun. So bleibt sie in der Beschämung liegen, in die die Güte ihres Heilands sie gestürzt hat. An allen Stellen ihrer Undankbarkeit angerührt von Erbarmungen, will sie die Beute sein eines unendlichen Schmerzes, um nur irgendwie für das Recht des gekränkten, ihr zu gütigen Gottes einzustehn. Wenn etwas sie trösten kann im Übermaß dieses Schmerzes, sich so spät an Gott verwendet zu haben, so ist es eine gewisse Freude, durch den Schmerz selbst die ihm angetane Schande auszugleichen und ihr Herz wegzureißen von allem Geschöpf, um es ihm zu geben, im Beispiel gewissermaßen aufzeigend, was für ein Jammer es sei, etwas anderes zu lieben als ihn. Mir will scheinen, sie sagt unter Tränen zu Jesu Christo: Nimm, Jesus, ein Herz, das deiner nicht mehr würdig ist, da es andern gehört hat als dir; aber eines, das wenigstens aus seiner unseligen Erfahrung den Vorteil zieht, in seinem ganzen Gefühl überzeugt zu sein, daß du der Einzige bist, der Liebe verdient.

In der Lage also, diesen Einzigen, der Liebe verdient, gefunden zu haben, ruft sie sozusagen von überall, aus allen Verträgen, die Anteile ihrer Liebe zurück, um sie ihrem Einen zu widmen. Alles, was sie an Kraft hat, rafft sie zusammen mitten im Herzen, und in einer endlosen Bewunderung für diesen neuen Liebhaber sucht sie für ihn einen neuen Vorrat von Liebe, der sich nicht mehr aufbrauchen läßt. Geh, Herz, erschöpftes, müdes, das nie nichts gefunden hat, groß genug, um darin die unermeßliche Menge seiner Liebe unterzubringen, geh, ergieß dich in den Ozean; verlier dich im Unendlichen; laß dich einnehmen vom All. Da kommt in dem Herzen Magdalenens ich weiß nicht was auf, eine Zärtlichkeit, eine Leidenschaft, die nur noch auf Jesum Christum anwendbar ist; die schmachtet, die nachgiebt; die, indem sie sich gehen läßt, ihm nachgeht. Sie stirbt in jedem Augenblick und beginnt in jedem Augenblick, die Füße Jesu küssend, ein neues Leben, das sie gleich wieder aufopfert. Sie giebt, sie vergeudet alles: ihren Wohlgeruch, ihr Haar, ihre Tränen, ihre Seufzer, ihr Herz selbst. Es ist, als wollte sie sich erschöpfen um ihren Geliebten; und dennoch fürchtet sie wieder, sich zu erschöpfen, denn sie hat vor, zu geben ohne Ende.

Ihre Verschwendung ist grenzenlos, aber ihre Gier ist es nicht weniger. Sie bekommt nicht genug, die Füße Jesu zu küssen, und Jesus hatte ein Augenmerk für den reißenden Hunger dieser unersättlichen Liebe. »Seitdem sie hereingekommen ist«, sagt er, »hat sie nicht aufgehört, meine Füße zu küssen.« Seht: sie hat nicht aufgehört; da ist schon eine Unendlichkeit: ihre Liebe hat noch andere. Aber unter allen diesen Unendlichkeiten giebt es nichts, was unendlicher ist und unerschöpfbarer als ihre Tränen. Immer wieder fallen ihr ihre Sünden ein, und die Gießbäche ihres Geweins steigen aus den Ufern. Sie würde sich totweinen und in ihrer Trostlosigkeit bis zur Verzweiflung gehn, sähe sie nicht in ihren Verbrechen einen Stoff, der sich verwenden läßt, die Güte ihres Geliebten und sein Heilandsein zu feiern; sähe sie nicht zugleich in ihrer Reue den Erfahrungsbeweis für jenes Wort, das der Geliebte, lange nachher, zu ihren Gunsten aussprach: »Eines aber ist not.« Läßt sich etwas ausdenken, was besser sichtbar macht, wie sehr dieses Eine not tut: das bittere Leidwesen derer, die sich verirrt haben unter der Menge? Ja sicher, lebendiger Gott, du einzig tust dem Menschen not; denn keiner weicht ab von dir und verlöre sich nicht, und es kehrt keiner zu dir zurück, der nicht grenzenlos und ohne Ende bereute, daß er imstande war, dich aufzugeben und etwas anderes zu verlangen. So ist in allen büßenden Seelen ein maßloses Bedürfnis, ihre Vergangenheit auszulöschen und abzuschaffen und allen Menschen im Himmel und auf der Erde Zeugnis zu geben, daß du allein not bist.

Mit diesem Worte Jesu Christi kam die heilige Liebe im Herzen Magdalenens zu überlegener Vollendung; denn es zeigte ihr die erschreckliche Eifersucht ihres Gemahls und wie sehr ihm daran lag, der Einzige zu sein. Martha, das ist wahr, machte sich reichlich zu tun, aber es war doch am Ende für ihn; trotzdem tadelt er sie, und er befiehlt Magdalenen, seiner Liebenden, sich nur mit ihm selbst zu beschäftigen und darüber alles zu lassen, was nur Bezug hat auf ihn. So feine Unterschiede macht seine Eifersucht; so groß ist die Ausschließlichkeit, die er verlangt. Diese geheiligten Worte: »Eins aber ist not« bergen in ihrer Milde ein Feuer, das jedes Herz ausbrennt und darin alles Geschöpf zerstört, bis nur das Eine, gebieterisch, seinen Raum erfüllt und jeden andern Gedanken und jeden anderen Gegenstand verwirft. O Gott, wer vermöchte zu sagen, welchen ungeheuern Umsturz dieses Wort bewirkt? Es stürzt das Herz in eine Einsamkeit,

in ein Armsein, das keine Natur erträgt; denn dieses Eine
ist tödlich durch seinen Herrscherwillen, der mit sich
nicht handeln läßt, und der den Sinnen und dem Geist
und allen Fähigkeiten der Seele alles entreißt, was ihnen
gefällt. Die überfallene Seele, mitten in ihrem zerstörten
Überfluß, schließt sich nun freilich mit unglaublicher
Kraft an das eine Notwendige. So sah es, da jenes Wort
ergangen war, in dem Herzen Magdalenens aus. Es fiel
erst wie ein Blitzschlag hinein und warf alles um, was
drinnen an Wünschen stand, und verzehrte das Ganze, so
daß in dem Herzen nichts blieb, als die bloße Richtung
nach dieses Wortes Ausgang. Dann zeigte es ihm, dem
völlig verarmten, jenen einen notwendigen Gegenstand
und packte es in seiner Mitte und hob es in ihn mitten
hinein. Und nun ist Maria Magdalena zu Jesu gebunden,
Herz über Herz, die innigste Stelle an die innigste Stelle.
Nur für Jesus Christus hat sie noch Leben, und wen kann
es noch wundern, daß sie ihm folgt überallhin, in seine
Reisen, in seine Martern und bis in das Grauen seines
Grabes?
Sie sucht überall ihr Einziges, den einzigen Gegenstand
ihrer Liebe, die einzige sichere Stütze ihres versagenden
Herzens, und sie findet sie nicht. Wie denkst du dir das
eigentlich, Jesus Christus, daß du an den Herzen mit
solcher Stärke ziehst und sie so fest an dich nimmst und
dann fortgehst, wenn sie's ganz nicht erwarten. Was bist
du grausam! Was für ein befremdliches Spiel treibst du
mit den Herzen, die dich lieben! Dieses ist das Verfahren
Jesu Christi, so benimmt er sich gewöhnlich. Er zieht die
Herzen gewaltig an, er macht sie gierig und unersättlich,
er gewinnt sie für sich, er meistert sie, er läßt sie anhäng-
lich werden, er giebt sich ihnen auf tausend Arten, bis sie

an ihm so sehr beteiligt sind, daß sie nur noch nach ihm trachten. Und im Moment, da ihr Anteil so groß geworden ist, daß sie sich nicht mehr zurücknehmen können, zieht er sich zurück, stiehlt sich fort und sucht sie furchtbar heim durch Entweichung und Entzug. Sie beklagen sich, aber Jesus lacht ihrer Klagen; er läßt es geschehen, daß sie sich erschöpfen und verzehren in unaussprechlicher Begehr. Er legt selbst Hand an, um sie zu entzünden, und sieht von weitem zu, und es rührt ihn nicht; er macht sich lustig sozusagen über ihre Entrüstung und Raserei. Auch Maria Magdalena hat er so behandelt. Zuerst ist ihm nichts zuviel. Sie verlangt nach seinen Füßen: er giebt sie; sie will sie küssen: er überläßt sie ihr; sie will ihm das Haupt ölen: er duldet es; die Pharisäer murren: er tritt für sie ein; Judas nimmt Ärgernis: er lobt sie. Bei einer anderen Begegnung versucht Martha, sie von ihm wegzuziehen: Jesus befürwortet die sanfte Trägheit ihrer nur auf ihn achtenden Liebe und stellt sie über ihrer Schwester Geschäftigkeit.

Bezaubert von seiner Güte, bindet sich Magdalena an ihn und schließt sich ihm an. Und Jesus, sowie er die Liebe genügend befestigt sieht, zieht vorsichtig seine Hand zurück. Er giebt nicht mehr, das ist noch nichts; aber er nimmt nach und nach wieder fort, was er gegeben hat. Da er sterben soll, ist es sein Wille, daß Magdalena zugegen sei; er spricht zu seiner heiligen Mutter, zu seinem liebsten Lehrling; er hat kein Wort für seine pure Liebende, die unten am Kreuz vergeht. Sie läßt sich nicht abschrecken, sie folgt denen, die ihn bestatten, um sich zu merken, wohin man ihn legen würde. Sowie es nur Tag wird, eilt sie hin mit Wohlgerüchen, sie findet das Grab leer. Petrus und Johannes, da sie den göttlichen

Leib nicht mehr vorfinden, ziehn sich zurück: Magdalena bleibt und besteht und dauert aus. Sie sieht von Zeit zu Zeit in dem Grabe nach, aus Furcht, ihre Augen könnten sie betrogen haben, und giebt es nicht auf und sucht immer noch den, nach dem ihr Herz seufzt. Was suchst du, Magdalena? Da ist er nicht mehr. Zwei Engel kommen und lassen sich die Ursache ihres Schmerzes erzählen und geben ihr nicht ein tröstliches Wort zurück und sagen ihr nicht, wo Jesus Christus ist.

Endlich erscheint er selbst, aber wie ein Unbekannter. Er giebt sich zu erkennen, vielleicht will er ihre ausgehungerte Liebe befriedigen. Ganz und gar nicht. Im Gegenteil, er will sie quälen über jedes Maß hinaus. Denn, wie sie so, ganz außer sich, auf ihn zustürzt, sagt Jesus: »Rühre mich nicht an ... aber gehe hin zu meinen Brüdern und sage ihnen, daß ich auffahre zu meinem Vater, zu meinem Gott.« O Gott, was für ein Liebhaber, der seiner Liebenden nur erscheint, um ihr zu sagen, daß er jetzt geht. Aber so laß sie doch wenigstens deine Füße küssen. Nein, er wird es nicht tun. Sie wirft sich dazu hin, sie meint immer noch, bei Jesu das Entgegenkommen von früher zu finden, aber Jesus stößt sie fort und spricht: »Rühre mich nicht an, denn ich bin noch nicht aufgefahren zu meinem Vater.« Worte, die genau erfunden scheinen, um ihre Liebe bis in alle Ewigkeit zu peinigen. Rühr mich nicht an, jetzt, da ich zwischen deinen Händen bin, warte damit mich anzurühren, bis ich aufgestiegen sein werde in die Himmel. Halte dich ab von mir, solang ich da bin, gedulde dich, mich zu berühren, wenn ich nicht mehr auf Erden weilen werde; dann wirst du erst alle deine Kraft dafür zusammennehmen. Könnte er ihr nicht ebensogut sagen: Zehr dich auf, zerbrich dir das Herz in aussichtsloser Arbeit. Zur Liebe so sprechen, heißt das nicht, sie zum besten haben?

Ich stelle mir leicht vor, welche furchtbaren Folgen diese Worte Jesu in Magdalenens Herzen hinterließen; denn nun sieht sie, daß Jesus geht und den Willen hat, gerade in der Zeit dieser Abwesenheit stärker als je auf die Herzen zu wirken. Nun ist sie verständigt, daß mit seiner Rückkehr zum Vater die ganze Mühsal des ihn Erreichen- und Berührenwollens überhaupt erst beginnt. »Suchet, sagt der Apostel, was droben ist, da Christus ist, sitzend zu der Rechten Gottes.« So macht sie sich also auf und sucht und verzehrt sich und härmt sich und zerreißt sich das Herz mit der Schärfe ihrer Sehnsucht. Das ist der Moment, da die Liebe, betrogen um das, was sie begehrt, von Sinnen kommt und das Leben nicht länger erträgt. Hingezogen und hingedrängt, vermag Magdalena Jesum nur wie eingemummt in die Dunkelheiten des Glaubens zu umarmen, und was sie da umarmt, ist mehr sein Schatten als sein Leib. Was wird sie tun? Wohin wird sie sich wenden? Nichts, nichts bleibt ihr übrig, als unaufhörlich mit der Geliebten zu schreien: Revertere, Revertere! Kehre um, o mein Geliebter, kehre um. Ach, ich sah dich ja nur einen Augenblick. Kehr um, kehr wieder um. Daß ich nur noch einmal deine Füße küsse. Aber Jesus kehrt nicht um: er ist taub für die verzweifelten Klagerufe einer Liebenden von solcher Leidenschaft.

Das Revertere der Geliebten ist das wahre Hohelied der Kirche, so wie jenes: »Komm, tritt heran, zeige dich, brich durch die Wolken« das Hohelied der Synagoge ist. Die hat ihn noch nicht zu Gesicht bekommen; aber die Kirche hat ihn gesehen, hat ihn gehört, hat ihn angerührt, und plötzlich war er verschwunden. Sie hatte alles verlassen um seinetwillen. »Siehe, wir haben alles verlassen und sind dir nachgefolget«, sagt der Apostel Sankt Petrus. Danach hatte Jesus sich ihr vermählt, und sie brachte ihm als Heiratsgut ihre Armut und ihre Dürftigkeit. Gleich nach der Hochzeit stirbt er; und wenn er aufersteht, geschieht es nur, um dorthin zurückzukehren, woher er kam. Als eine trostlose junge Witwe hinterläßt er seine ehrliche Eheliebste, unversorgt. Was soll sie anderes beginnen als unaufhörlich schreien: Revertere, Revertere. Komm zurück, mein Gottgemahl, komm; beeile deine Wiederkunft, die du versprochen hast. Diesem zweiten Erscheinen Jesu Christi brennen alle Eingeweide der Geliebten entgegen, aber die Wartezeit auf dieses Wiedersehn ist ein einziger Schmerz.

Das ist der Zustand der Kirche, auf den jenes Wort des heiligen Liedes paßt: »Die Turteltaube lässet sich hören in unserem Lande.« Denn vor der Kunft Jesu Christi war eine Stimme zu hören, in der Sehnsucht war und Beklagung über sein Zögern; nach seiner Himmelfahrt aber kam eine andere Stimme auf, ein anderer Seufzer, ein anderes Stöhnen. Das Stöhnen der Kirche, die ihres Gemahls beraubt ist, den sie nur einen Augenblick besessen hat; die Stimme der Turteltaube, die ihren Paarigen verloren hat und nun nichts mehr findet auf der Erde und sich flüchtet in Einöden und gemiedene Orte, in denen ihr Klageschrei seine Freiheit hat.

Nicht anders ist das Leben Magdalenens. Tränen sind ihre einzige Nahrung; sie lebt nur vom Seufzen. Der heilige Freund muß außerordentliches Gefallen daran finden, seine Freundin leiden zu machen. Alle die Jahrhunderte bis zu seinem Kommen waren bitter von Klagen über sein Ausbleiben, und nun werden alle Jahrhunderte nach seiner Kunft unter noch weheren Klagen vergehen, daß er so zeitig entschwand. Einen Augenblick nur hat er sich gezeigt und auch da noch unter so viel Vorsicht und Verbergung, daß kaum zu erkennen war, wer er sei. Wir sahen ihn, sagt Jesaias, aber er war nicht kenntlich, und wir haben auf ihn gewartet in seiner Gegenwart. »Vidimus eum, et non erat aspectus, et desideravimus eum.« Warum dieses ganze Geheimtun, als weil er vor allem Wohlgefallen hat am Ruf und Geseufz klagender Liebe? Es ist in der Tat die Absicht dieses heiligen Gemahls, uns beständig in Erwartung zu halten, in einer Erwartung, die stöhnt und sehnlich nach ihm verlangt. Er hat einen einzigen Trost für uns, mit dem er uns hinhält: Noch eine Weile, noch eine Weile. »Noch ein kleines«, sprach er zur Synagoge, »und ich werde Himmel und Erde bewegen und es wird kommen der Ersehnte der Völker.« Und zur Kirche sagt er: »Über ein kleines, so werdet ihr mich nicht sehen: und aber über ein kleines, so werdet ihr mich sehen.« Dieses Wort ist voll Milde und doch, wenn man zusieht, ist es ein grausames Wort. Weißt du, zu wem du sprichst, Jesus Christus? Machst du dir klar, daß du zu Herzen sprichst, die in Liebe stehn? Du rechnest, als ob das nichts wäre, mit Jahrhunderten der Entbehrung, und doch werden dem, der dich wirklich liebt, Momente zu Ewigkeiten. Denn du bist die Ewigkeit selbst, und wer vermag noch, nach Augenblicken zu rechnen, wenn er weiß, daß er in jedem Augenblick die ganze Ewigkeit verliert. Und trotzdem sagst du: Noch eine Weile. Das ist wahrlich kein Trost. Das ist eher ein Hohn gegen die Liebe. Das heißt ihrer Leiden spotten und ein Spiel treiben mit ihrem Nichtmehrwartenkönnen und der äußersten Qual ihres unhaltbaren Zustands.

Ist es zu verwundern, daß die Liebe, da sie selbst noch im Liebtun des Gemahls auf Abweisung stößt, in eine Art von Wahnsinn verfällt? Daß sie alle Gesellschaft flieht; daß sie abgelegene Orte aufsucht und sich dort gefällt im Anschauen von Gegenständen, die etwas Schreckliches und Böses an sich haben, weil sie in ihnen gleichsam die furchtbaren Abbilder der Verheerung erkennt, die das Entbehren des Ersehnten in ihr anrichtet. Was anderes als dies hat Magdalena in die Schrecken jener gespenstischen Wüste getrieben und in die lautlose Furchtbarkeit der zwielichtigen Höhlen, in denen sie ihr Herz der Wut ihrer verlassenen und aufgegebenen Liebe vorwarf?

In diesem heiligen Liede ist so recht zu merken, daß die Liebe Land und Einsamkeit liebt, weil sie dort irgendwie freier ist; das Getriebe der Geselligkeit, ja schon der Anblick der Menschen betäubt sie und lenkt sie ab. Deshalb sieht man auch den Freund und die Freundin des Hohenlieds nur Gärten atmen, die verschlossen sind, Wälder, in die keiner kommt, und das Grünen der Änger, darauf die Herden weiden unter Blumen und Gräsern. »Komm, mein Lieber«, sagt die Geliebte, »laß uns aufs Land hinausgehen und draußen bleiben. Früh wollen wir aufstehen zu den Weinbergen und sehen, ob der Weinstock schon blühe, ob die Orangen aufgeblüht sind; ob die Blüten unserer Bäume knoten und uns Frucht versprechen.« Da ist unter diesen Worten keines, das nicht des Alleinseins Luft atmete und die Seligkeit ländlichen Daseins. Was es nun auch sei: ob die Liebe, in ihrem Freiheitsgefühl, die offene Landschaft liebt, weil sie dort größer hinausträumen und ihr stürmisches Verlangen glücklicher ausstrahlen kann; ob sie, lärmabgewandt, im Drang, zu sich selbst zu kommen, die entlegenen Orte aufsucht, die mit ihrer Stille und Einsamkeit ihr immer tätiges Nichtstun unterhalten; ob sonst irgendein Grund sie antreibt, die Ländlichkeit zu lieben –, soviel ist sicher: sie ist entzückt von ihr. Aber es giebt vor allem eine gewisse Liebe, die das Herz mit Wonne erfüllt: ich meine die Liebe, die gerade anfängt. Sie ganz besonders liebt die Gärten, die Blumen, die gepflegten und gefälligen Ländereien, die, wenn ich mich so ausdrücken darf, durch ihr lachendes Gesicht an ihrer Freude mitwirken. Genau das Gegenteil ist jene andere Liebe, die außer sich ist und verzweifelt und zum Äußersten getrieben durch die Trennungen und die Entbehrungen, durch die verächtliche Verschmähung des Geliebten und durch ihre eigene Heftigkeit. Diese Liebe verlangt es nach den grauenvollen Orten, in denen sie, wie ich schon sagte, ihre trostlose Lage deutlich dargestellt sieht. So ruft an einer Stelle der Gemahl des Hohenliedes die Geliebte nicht mehr aus Gärten und Wiesen zu sich, sondern aus der Mitte der Felsberge und aus schrecklichen Einöden. »Steh auf«, ruft er, »meine Freundin, meine Schöne, meine Wildtaube komm aus den Steinritzen, komm aus der Tiefe der Felslöcher,« und an einer anderen Stelle: »Komm, meine Braut, vom Libanon, komm von dem Gipfel der Gebirge und von dem Rand der Abgründe; steig aus den Wohnungen der Löwen; steh auf von den Lagern der Raubtiere.« Solche Plätze sind die Zuflucht einer mißhandelten Liebenden in ihrer Trostlosigkeit. Da erkennt sie in allem das Bild ihres verlorenen Herzens, in das Raserei und Verzweiflung sich wie wilde reißende Tiere teilen. In diesem Zustand der Liebe wird alles zu Grauen und Entsetzen; sogar die Tröstungen reizen sie nur und bringen sie noch mehr ins Unglück; denn alles, was nicht der Geliebte selbst ist, wird zu einer neuen Last und ist nicht zu ertragen.

Ich denke, das war ungefähr der Zustand Maria Magdalenens. Immer sah sie Jesum Christum im Todesandrang des Kreuzes; ihr Gehör, nein, der Boden ihrer Seele blieb durchbohrt von jenem letzten Schrei ihres versterbenden Gemahls, dem wahrhaft schrecklichen Schrei, der einem das Herz ausreißen konnte. Und immer wieder klang in ihr das tödliche Wort, das ein liebendes Herz nicht aushält: Rühr mich nicht an. Das waren schon kaum Seufzer mehr, das war ein Brüllen, was ihre heimgesuchte Liebe ausstieß, und Jesus, unerbittlich, ließ sie in ihrer Vereinsamung, ohne die Unterstützung seiner Sakramente, ohne die Gemeinschaft an seinem geheiligten Leib, ohne jeden Zuspruch von seiten der Apostel, die seine Vertreter waren auf Erden, ja ohne den Anblick seiner heiligen Mutter, von der man doch meinen könnte, er habe sie nach sich noch weiter auf der Welt gelassen, damit sie seine verwitwete Angetraute tröste in der ersten Mühsal ihres noch neuen Kummers. Was sagst du jetzt, Magdalena, zu Jesu, deinem Liebsten? Beklagst du dich bei ihm, daß er dich betrogen hat? Nein, nein: er betrügt uns nicht; oder, wenn er uns betrügt, so ist das eine ganz eigene Art von Betrug. Denn er knüpft uns inniger an sich, gerade in der Zeit, da alle unsere Sinne nichts wahrnehmen als Entfernung und Scheidung. Wahrscheinlich muß die Liebe, solange diese Pilgerschaft dauert, so behandelt sein. Es ist nötig, daß sie sich

nähre vom Glauben; daß sie lebe vom Hoffen; daß sie
heranwachse unter dem tödlichsten Im-Stich-Gelassen-
sein, unter den tödlichsten Entziehungen; denn sie soll ja
nicht allein sterben, sie soll zugrunde gehn als Martyrer
Jesu Christi; ihre eigenen Gluten sollen Martyrium sein
und der Geliebte selbst ihr Tyrann.

Schlagen wir das heilige Lied auf; lesen wir darin das
Myster der Liebe: Wir sehen: die Geliebte seufzt immer,
sie sehnt sich immer; sie schwindet fortwährend hin, sie
vergeht. Es gibt fast keinen Augenblick des Genießens
für sie. Immer: Komm. Immer: Kehr um. Sie sagt fast
immer: Ich hab ihn gesucht, ich hab ihn gehalten, ein
einziges Mal. Und nie: Ich halte ihn fest, ich besitze ihn.
Er kommt wie in Sprüngen, wie ein Reh, wie ein junger
Hirsch. Er ist da, er spricht, er entflieht. Er blickt herein,
aber durch die Fenster. Er zeigt sich, aber hinter dem
Gitter. Er findet die Freundin schlafend und will nicht,
daß man sie wecke, aus Furcht, sie könnte zu sehr seine
Gegenwart fühlen. Sie hat ihn gehalten, sagt sie, und sie
beteuert, daß sie ihn niemals lassen will; aber da ist er
schon fort. Er kommt zurück, er pocht an die Tür, er
drängt, daß man ihm öffne; sie zögert eine Kleinigkeit;
er streckt die Hand durch einen Spalt; er reicht etwas
herein, eine Gabe, eine Gnade: und dieses Anrühren geht
der Geliebten bis ins Eingeweide. Außer sich springt sie
auf und läuft die Türe aufschließen: Der Geliebte ist
schon seines Weges. Sie sieht sich um, es ist nichts mehr
zu sehen: sie sucht und kann nicht finden; sie schreit, sie
ruft, nichts antwortet. Untröstlich über seine Flucht,
läuft sie nach. Die Wachen, die die Runde machen um
die Stadt, finden sie, völlig von Sinnen; sie schlagen sie;
sie verwunden sie. Die Hirten der Kirche haben nichts als

Tadel für ihre Langsamkeit, daß sie nicht rasch genug hinter dem hergewesen sei, den man nur erreicht, wenn man sich eilt. Ihre Vorwürfe tun ihr weh in ihrem Herzen; aber das alles giebt ihr den Geliebten nicht wieder, und schließlich bleibt ihr kein Mittel, als Jerusalems Töchter – liebende Seelen wie sie selbst – zu beschwören, sie möchten doch wenigstens, wenn ihr Liebster ihnen begegnete, ihm erzählen, daß sie sie gesehen hätten elend und krank vor Liebe. So schnell geht der Geliebte vorbei!

Von solcher Beschaffenheit ist die Liebe derer, die unterwegs sind; Gott teilt sich in ihr nur mit, indem er sich verbirgt; nicht um zu stillen, sondern um die Liebe zu reizen. Denn, solange diese Verbannung dauert, ist er niemals gegenwärtiger, als wenn er sich so weit zu entfernen scheint, daß man ihn aus dem Gesicht verliert, und nie ist seine Herrlichkeit stärker über uns, als wenn er sie nimmt und vernichtet, bis wir sie nicht mehr sehen. So hat auch die erlauchte Geliebte endlich an Erfahrungen verstanden, daß es Gott gefällt, sich zu geben, indem er sich entzieht, daß seine Fluchtversuche Lockungen sind, sein Wartenlassen eine Art Ungeduld, seine Absagen Geschenke und seine Härten Zärtlichkeiten; sie hat eingesehen, daß sie ihn nie besser besaß, als da sie meinte, ihn zu verlieren; ihre Prüfungen haben sie eingeweiht in das Myster dieser Liebe im Exil, so daß sie schließlich erschöpft vom vielen Rufen, die Ausbrüche ihres Liedes wieder aufnimmt mit den Worten: »Fliehe, mein Geliebter, fuge, dilecte mi.« Nun will sie, daß er fliehe mit derselben Hurtigkeit, die sie früher seinem Kommen gewünscht hat. »Kehr um, mein Freund«, hieß es einst, »wie ein Reh und wie ein junger Hirsch.« Und jetzt heißt es: »Fliehe, mein Geliebter, wie ein Reh und wie ein junger Hirsch.« Welch wunderliches, unbegreifliches Benehmen der Geliebten! Erst mit so viel Glut zu rufen: Kehr um, mein Freund, und dann plötzlich zu sagen: Fliehe, mein Geliebter, und seinen Füßen die Schnelligkeit von Rehen und Hirschen zu wünschen, um seine Flucht recht zu beschleunigen, ja zu übertreiben. Soll das Unbeständigkeit sein oder Ekel oder der Ausdruck verliebten Verdrusses? Nichts von alledem. Das ist eine von den wunderbaren Wirkungen des Liebesmysters. Sie erkennt, daß ihr Gemahl sich während dieses Lebens giebt, indem er flieht, indem er sich verbirgt, indem er sich geheimhält. So drängt sie ihn endlich, zu fliehen; und das Wunderbarste ist, daß sie es tut zu einer Zeit, da er zärtlichere Liebkosungen für sie hat als je vorher. »O du«, ruft er, »die du wohnst in den Gärten, unter den Blumen, in dem guten Geruch, bei den Früchten und zwischen den Wonnen der heiligen göttlichen Liebe, sieh, unsere Freunde merken auf, die ganze Natur wartet in Stille: Laß, laß deine Stimme mich hören: quae habitas in hortis, fac me audire vocem tuam.« Offenbar liegt ihm daran, irgendein süßes Wort zu vernehmen, und da bekommt er zur Antwort, alles in allem: Fliehe, mein Liebster, wie ein Hirsch so schnell. Nun liebt sie ihre Entbehrungen mehr, als seine Gaben und Günste. Und so sagt sie: Fliehe. Und damit endet das Hohelied. Denn hierin liegt die Erfüllung aller Geheimnisse der heiligen Liebe. Die Gluten alle und alle die Hingerissenheiten gehen aus in dem Verlangen, alles zu verlieren. Magdalena, du wirst die Füße Jesu besitzen und umarmen am Anfang deiner Liebe. Sowie es aber darauf ankommt, sie zu vollenden, wird Jesus zu dir sprechen: Rühre mich nicht mehr an. Dies ist der Verlauf, dies sind die Wendungen, dies ist die harte Herrschaft der göttlichen Liebe in dieser Zeit des Elends, der Verbannung und der Knechtschaft. Kommen wird der ewige Tag, da uns wird gegeben sein, zu sehen, zu lieben, zu genießen und zu leben in der Fülle der Zeiten.

PORTUGIESISCHE BRIEFE

‹1913›

Die Briefe der Marianna Alcoforado

ERSTER BRIEF

Schau, meine Liebe, wie über die Maßen du ohne Voraussicht warst. Unselige, du bist betrogen worden und hast mich durch täuschende Hoffnungen betrogen. Eine Leidenschaft, von der du so viel Glück erwartet hast, ist imstande, dir jetzt nichts als eine tödliche Hoffnungslosigkeit zu bereiten, die höchstens in der grausamen Abwesenheit ihresgleichen hat, von der sie verursacht ist. Wie? Dieses Fortgehn, dem mein Schmerz, bei allen seinen Einfällen, keinen genügend trostlosen Namen zu geben weiß, dieses Fortgehn will mir also für immer verbieten, die Augen anzuschauen, in denen ich so viel Liebe sah, denen ich Bewegtheiten verdanke, die mich mit Freude überfüllten, die mir alle Dinge ersetzten, die mir endlos Genüge waren? Ach, die meinen haben das einzige Licht verloren, das sie belebte, es bleiben ihnen nur Tränen, und ich habe sie zu nichts anderem gebraucht als zum Weinen, unaufhörlich, seit ich erfahren mußte, daß dein Fortbleiben beschlossen sei, das ich nicht ertrage, das mich in kürzester Zeit töten wird. Doch mir scheint, ich habe eine Art Zuneigung zu dem Unglück, dessen einzige Ursache du bist. Mein Leben war dir zugefallen, im Augenblick, da ich dich sah, ich freue mich irgendwie, es dir zu opfern. Tausendmal schick ich meine Seufzer nach dir, sie suchen dich an allen Orten, und wenn sie mir wiederkommen, lohnen sie mir alle die ausgestandenen Beängstigungen, indem sie mir mit der allzu aufrichtigen Stimme meines bösen Loses, das nicht will, ich soll mich beruhigen, immer wieder sagen: Hör auf, hör auf, unselige Marianna, dich umsonst zu verzehren, hör auf, einen Liebhaber zu suchen, den du nie mehr sehen wirst, der über das Meer gegangen ist, um dich zu fliehen, der sich in Frankreich aufhält mitten in Vergnügungen, keinen Moment sich deiner Schmerzen erinnert und dir gerne diese Ausbrüche schenkt, für die er wenig Erkenntlichkeit haben kann. Doch nein, ich mag mich nicht entschließen, so schimpflich dich abzuurteilen, es ist nur zu sehr mein eigener Vorteil, wenn ich dich rechtfertige. Ich will mir nicht einbilden, daß du mich vergessen hast. Bin ich nicht schon unglücklich genug, ohne mich mit falschen Verdächtigungen zu quälen? Und warum soll ich mich anstrengen, nicht mehr von all der Müh zu wissen, die du dir gegeben hast, mir deine Liebe zu bezeugen? Ich bin so hingerissen gewesen von allen diesen Bemühungen, und ich wäre recht undankbar, dich nicht weiter mit demselben Ungestüm zu lieben, wie es meine Leidenschaft mir eingab, da sie noch die Beweise der deinen empfing. Wie kann es geschehen, daß die Erinnerungen so anmutiger Augenblicke so ins Grausame schlagen? Und muß es sein, daß sie, wider ihre eigene Natur, nun nur dazu dienen, mein Herz tyrannisch zu behandeln? Ach, dein letzter Brief hat es auf einen wunderlichen Zustand herabgesetzt: es geriet in so fühlbare Bewegung, daß es, glaub ich, Anstrengungen machte, sich von mir zu trennen, um zu dir zu gehn. Ich war so überwältigt von der Heftigkeit aller dieser Erregungen, daß ich mehr als drei Stunden ganz von Sinnen blieb. Ich sträubte mich zurückzukehren in ein Leben, das ich um deinetwillen verlieren muß, da ich es dir nicht erhalten darf. Gegen meinen Willen erblickte ich endlich wieder das Licht, es schmeichelte mir, zu fühlen, daß ich sterbe vor Liebe, und im übrigen wars mir recht, nicht länger dem Anblick meines Herzens ausgesetzt zu sein, das von dem Weh deines Fortseins zerrissen war. Nach diesen Anfällen habe ich die verschiedensten Zustände durchzumachen gehabt; aber wie sollte ich auch ohne Leiden bleiben, solange ich dich nicht sehe. Ich ertrage sie ohne Murren, denn sie kommen von dir. Sag, ist das dein Lohn dafür, daß ich dich so zärtlich geliebt habe? Aber es soll mir gleich sein, ich bin entschlossen, dich anzubeten mein ganzes Leben lang und keinen Menschen zu sehen. Und ich versichere dir, auch du wirst gut daran tun, niemanden zu lieben. Könntest du dich begnügen mit einer Leidenschaft, die nicht die Glut der meinen hätte? Du findest, möglicherweise, mehr Schönheit (obzwar du mir einst sagtest, ich sei eigentlich schön), aber nie, nie wirst du soviel Liebe finden, und auf das andere alles kommt es doch nicht an. Füll deine Briefe nicht mehr mit unnützen Dingen an und schreib mir nicht mehr, ich solle an dich denken. Ich kann dich nicht vergessen und vergesse auch nicht, daß du mir Hoffnung gemacht hast, zu kommen und einige Zeit mit mir zu sein. Ach, warum willst du nicht, daß es das ganze Leben sei? Wenn ich herauskönnte aus diesem unseligen Kloster, so würde ich nicht hier in Portugal auf das Eintreffen deiner Versprechungen warten: ohne Rücksicht ginge ich hin, dich suchen, dir folgen und dich lieben durch die ganze Welt. Ich wage nicht, mich damit zu verwöhnen, daß dies möglich sei, ich will keine Hoffnung nähren, aus der mir gewiß einiges Wohltun käme, ich will nur noch für Schmerzen Empfindung haben. Zugeben will ich freilich, daß die Gelegenheit, dir zu schreiben, die mein Bruder mir verschafft hat, ein wenig Freude in mir aufrühren konnte, und daß sie die Trostlosigkeit, in der ich lebe, für einen Augenblick unterbrach. Ich beschwöre dich, mir zu sagen, warum du so darauf aus warst, mich einzunehmen, wie du es getan hast, wenn du doch wußtest, daß du mich wirst verlassen müssen? Warum diese Versessenheit, mich unglücklich zu machen? Was ließest du mich nicht in Frieden in meinem Kloster? Hatte ich dir irgendwas angetan? Aber verzeih, ich lege dir nichts zur Last; ich bin außerstand, an meine Rache zu denken; ich klage nur die Härte meines Schicksals an. Indem es uns trennt, fügt es uns, scheint mir, alles Unheil zu, das je zu fürchten war. Unsere Herzen wird es nicht zu trennen wissen. Die Liebe, die mächtiger ist als das Schicksal, hat sie vereint für unser ganzes Leben. Wenn du einigen Anteil an dem meinen nimmst, schreib mir oft. Ich verdiene das bißchen Müh, das es dich kostet, mich vom Stand deines Herzens und deiner Verhältnisse zu unterrichten. Und vor allem: komm. Adieu, ich mag mich nicht trennen von diesem Papier, es wird in deinen Händen sein. Ich wollte, mir stünde dieses Glück bevor. Ach, ich Unvernünftige, ich sehe wohl, daß das nicht möglich ist. Adieu, ich kann nicht mehr. Adieu, hab mich lieb, immer, und laß mich noch mehr Leiden aushalten.

ZWEITER BRIEF

Dein Leutnant sagt mir eben, Stürme hätten dich gezwungen, im Königreich Algarve an Land zu gehen. Ich fürchte, du hast viel auszustehen gehabt, und diese Vorstellung hat mich so in Besitz genommen, daß ich kaum mehr dazukomme, an alle meine eigenen Leiden zu denken. Bist du sicher, daß dein Leutnant mehr Teilnahme hat als ich an allem, was dir widerfährt? Warum ist er besser unterrichtet, mit einem Wort, warum hast du mir nicht geschrieben?

Ich bin herzlich unglücklich, wenn du seit deiner Abreise keine Gelegenheit dazu solltest gefunden haben, und ich bin es erst recht, wenn es eine gab, und du hast nicht geschrieben. Du tust mir äußerst unrecht, und dein Undank ist über alle Grenzen: aber ich wäre außer mir, wenn dieses Benehmen dir Unheil brächte, lieber soll es ganz und gar ungestraft bleiben, als daß ich irgend auf meine Rache käme.

Ich leiste dem Anschein Widerstand, der mich überreden will, daß du mich nicht mehr liebst; ich bin viel geneigter, mich blindlings meiner Leidenschaft zu überlassen, als den Gründen zur Klage, die aus deiner Nachlässigkeit entstehen.

Was hättest du mir Beunruhigungen erspart, wenn dein Vorgehen vom Anfang unserer Bekanntschaft an so lau gewesen wäre, wie es mir schon seit einer gewissen Zeit erschien. Aber wer hätte sich nicht täuschen lassen, durch so viel Eifer, wem hätte das nicht den Eindruck gemacht, aufrichtig zu sein? Man entschließt sich langsam und nur unter großer Müh, die Wahrhaftigkeit derjenigen in Zweifel zu ziehen, die man liebt.

Ich fühle wohl, du würdest die geringste Entschuldigung für hinreichend ansehn, aber selbst wenn du gar nicht daran denkst, eine vorzubringen, meine Liebe für dich ist so unerschütterlich auf deiner Seite, daß ich dir eigentlich nur deshalb eine Schuld zuschreibe, weil es mir Freude macht, dich selber zu rechtfertigen.

Du hast mir solange zugesetzt, bis ich vollständig eingenommen war; dein Feuer hat mich in Brand gesteckt; die Güte, die du für mich hattest, übte ihren Zauber aus, und schließlich waren deine Schwüre da, mich sicher zu machen. Die Heftigkeit meiner eigenen Neigung hat mich verführt; was mit so heitern und glücklichen Anfängen begann, das sind jetzt Tränen, Seufzer, ein trostloser Tod, und ich sehe nichts, was da helfen könnte.

Ich kanns nicht leugnen, meine Liebe zu dir hat mir überaus selige Überraschungen bereitet; aber ich zahle jetzt dafür mit den wunderlichsten Schmerzen. Du bist übertrieben in allen Gemütsbewegungen, die du mir verursachst. Hätte ich Standhaftigkeit besessen wider dein Gefühl, hätte ich gewußt, dir, um dich heftiger zu entflammen, einen Grund zur Sorge oder Eifersucht zu geben, wäre es dir möglich gewesen, in meinem Benehmen eine künstliche Zurückhaltung zu bemerken, oder hätte ich schließlich Willen genug gehabt, gegen meine natürliche Neigung zu dir, die du mich früh erkennen ließest, meine ganze Vernunft aufzustellen (freilich, diese Anstrengungen wären doch umsonst gewesen), so möchte es am Platze sein, mich strenge zu bestrafen und mich die Macht fühlen zu lassen, die du über mich hast. Aber du schienst mir Liebe zu verdienen, schon bevor du mir gesagt hattest, daß du mich liebst. Dann gabst du mir Beweise einer großen Leidenschaft, ich war außer mir, und ich stürzte mich rückhaltlos in meine Liebe.

Du warst nicht mit Blindheit geschlagen wie ich, wie konntest du zugeben, daß ich in den Zustand gerate, in dem ich jetzt bin? Was hattest du vor mit allem meinem Gefühl, das dir doch, strenggenommen, lästig sein mußte? Du wußtest wohl, daß du nicht immer in Portugal sein würdest, was hast du gerade mich dort ausfindig gemacht, um mich in dieses Elend zu stürzen? Ohne Zweifel würdest du hier im Land irgendein Frauenzimmer von größerer Schönheit gefunden haben, mit dem du ebensoviel Vergnügen dir hättest schaffen können, da es dir nur um das gröbste zu tun ist; sie würde dich treu geliebt haben, solange du in Sicht gewesen wärst; später hätte die Zeit sie über deine Abwesenheit getröstet, und du hättest sie verlassen dürfen, ohne deshalb falsch und grausam zu sein: aber was du hier getan hast, das sieht mehr nach einem Tyrannen aus, der unerbittlich hinter einem her ist, als nach einem Liebhaber, der sich Müh giebt, zu gefallen.

Ach, wozu diese Härte wider ein Herz, das dir gehört? Ich sehe wohl, es ist ebenso leicht, mich dir auszureden, als es leicht war für mich, von dir eingenommen zu sein.

Abgesehn von aller meiner Liebe und ohne auf die Idee zu kommen, etwas Außerordentliches zu tun, wäre ich imstand gewesen, noch ganz anderen Gründen zu widerstehen, als die gewesen sein mögen, auf die hin du mich verlassen hast. Alle hätten mir unzureichend geschienen, es giebt einfach keine, die mich hätten von dir fortreißen können: du aber benutztest ein paar Vorwände, die sich eben fanden, um nach Frankreich zurückzukehren. Es ging ein Schiff. Was hast du's nicht

gehen lassen? Deine Familie hatte dir geschrieben...
Weißt du nicht, was ich alles von der meinen auszustehen hatte? Deine Ehre verpflichtete dich, mich zu verlassen. Hab ich etwa auf die meine Rücksicht genommen? Du warst genötigt, dich deinem König zur Verfügung zu stellen. Wenn alles wahr ist, was man erzählt, so hat er deiner Dienste gar nicht bedurft; er würde dich entschuldigt haben.

Es wäre zu viel Glück gewesen, das Leben zusammen zu verbringen; aber da nun einmal diese grausame Trennung uns bestimmt war, so hätte ich Grund, mich zu freuen, daß *ich* nicht die Treulose gewesen bin; um keinen Preis der Welt würde ich eine so schwarze Tat begangen haben wollen. Hast du wirklich meine Zärtlichkeit gekannt und den Grund meines Herzens, und hast dich entschließen können, mich für immer im Stich zu lassen, preisgegeben der unvermeidlichen Pein, daß du an mich nicht mehr denkst, es sei denn, um mich irgendeiner neuen Leidenschaft aufzuopfern.

Ja, ja, ich liebe dich wie eine Wahnsinnige: es fällt mir aber dennoch nicht ein, mich über mein zügelloses Herz zu beklagen. Ich gewöhne mich daran, von ihm gehetzt zu sein, ich könnte nicht leben ohne ein Glück, auf das ich mitten in meinen tausend Martern stoße und das trotz allem darin besteht, daß ich dich liebe.

Aber ich bin aufs peinlichste verfolgt von meinem Haß und meinem Widerwillen gegen alles übrige. Meine Familie, meine Freunde, dieses Kloster sind mir unerträglich. Alles was ich durchaus sehen muß, jede Handlung, die sich mir unumgänglich aufdrängt, erfüllt mich mit Abscheu. Ich habe eine solche Eifersucht für meine Leidenschaft, daß ich mir einbilde, nichts tun zu können und zu nichts verpflichtet zu sein, was nicht mit dir zusammenhängt. Ja, es geht mir nach, wenn ich nicht alle Augenblicke meines Lebens für dich verwende.

Ach, ach was sollte ich tun, ohne dieses Übermaß von Haß und Liebe in meinem Herzen? Würde ich fähig sein, das zu überstehen, was mich unaufhörlich beschäftigt, um ein gelassenes langmütiges Leben zu führen? Nein, diese Leere, diese Fühllosigkeit sind nichts für mich.

Alle Welt hat die Veränderung bemerkt, die in meiner Stimmung, in meinem Benehmen, in meinem ganzen Wesen vor sich gegangen ist. Unsere Mutter hat mir zuerst mit Bitterkeit davon gesprochen, schließlich nicht ohne Güte. Ich kann nicht sagen, was ich ihr geantwortet habe, ich glaube, ich habe ihr alles gestanden. Die strengsten von den Nonnen haben Mitleid mit meinem Zustand, er ringt ihnen sogar eine gewisse Rücksicht ab, sie schonen mich, wo sie können. Es giebt keinen, den meine Liebe nicht irgendwie rührte, nur du allein bleibst bodenlos gleichgültig, schreibst mir Briefe von einer Kälte, voller Wiederholungen, zur Hälfte leeres Papier, und man sieht ihnen gradezu an, wie du, tödlich gelangweilt, keinen andern Wunsch hattest, als damit fertig zu werden. Diese letzten Tage hatte Dona Brites es sich in den Kopf gesetzt, mich aus meinem Zimmer herauszubringen. In der Meinung, mich zu zerstreuen, wollte sie mit mir auf dem Balkon auf und ab gehen, von wo man nach Mertola sieht. Ich ging mit, und sofort überkam mich eine Erinnerung von solcher Grausamkeit, daß ich den Rest des Tages mit Weinen verbrachte. Sie führte mich zurück, ich warf mich auf mein Bett und stellte tausend Betrachtungen an über die geringe Aussicht, die ich hätte, je wieder gesund zu werden. Alles, was man zu meiner Erleichterung unternimmt, verschlimmert meinen Kummer, ja in den Mitteln selbst, die man anwendet, entdecke ich neue besondere Ursachen, mich zu betrüben. Gerade dort habe ich dich oft vorbeikommen sehen, ganz bezaubert von deiner Haltung, und ich stand auf diesem Balkon an dem verhängnisvollen Tag, da ich anfing, die ersten Wirkungen meiner unseligen Liebe zu erfahren. Ich hatte das Gefühl, als legtest du Wert darauf, mir zu gefallen, obwohl du mich nicht kanntest: ich überredete mich, daß du mich bemerkt hättest unter allen, die mit mir waren. Als du anhieltest, bildete ich mir ein, es wäre dir recht, wenn ich dich besser sähe und die Gewandtheit bewunderte, mit der du deinem Pferde die Sporen gabst. Ich bekam einen Schrecken, als du es über eine schwierige Stelle hinüberrissest: mit einem Wort, ich nahm, im Geheimen, schon teil an allen deinen Handlungen, ich fühlte, daß du mir nicht gleichgültig warst, und beanspruchte für mich alles, was du unternahmst.

Du kennst nur allzu gut die Fortsetzung dieser Anfänge. Und obwohl ich keine Rücksicht zu nehmen habe, ist es doch besser, wenn ich sie dir nicht schreibe: deine Schuld wird sonst, wenn das möglich ist, noch größer als sie ist, und ich müßte mir vorwerfen, soviel Dinge unnütz aufgewendet zu haben, um dich zu nötigen, mir treu zu bleiben. Du wirst es nicht sein. Wie sollte ich von Briefen und Vorwürfen erhoffen, was meine Liebe und meine Hingabe bei deinem Undank nicht durchzusetzen vermocht hat.

Ich bin meines Unglücks zu sehr versichert. Dein ungerechtes Vorgehn läßt mir nicht den geringsten Grund, daran zu zweifeln, und ich muß auf alles gefaßt sein, da du mich verlassen hast.

Wirkt vielleicht dein Zauber nur auf mich allein, und sollten nicht auch andere Augen dich angenehm finden? Es wäre mir nicht unlieb, denke ich, wenn die Gefühle der andern den meinen gewissermaßen zur Rechtfertigung dienen dürften, und ich möchte, daß alle Frauen in Frankreich dich bezaubernd fänden, daß keine dich liebte und keine dir gefiele. Das ist lächerlich, unmöglich. Immerhin, ich habe zur Genüge erfahren, daß du einer großen Neigung nicht fähig bist; daß du mich vergessen kannst, ohne den mindesten Beistand, ohne daß eine neue Leidenschaft dies von dir verlangt. Am Ende würde ich wünschen, du hättest irgendeinen vernünftigen Vorwand ... ich würde freilich dadurch noch unglücklicher, aber du hättest nicht so viel Schuld.

Ich sehe, wie du in Frankreich leben wirst, ohne großes Vergnügen bei unbeschränktester Freiheit. Die Müdigkeit nach der langen Reise hält dich fest, ein wenig Behaglichkeit und die Besorgnis, meinen Überschwang nicht erwidern zu können. Hab doch nur keine Furcht vor mir ... Ich will mich zufriedengeben, wenn ich dich von Zeit zu Zeit sehe und nur weiß, daß wir am selben Orte sind. Aber vielleicht täusch ich mich, und eine Andere richtet mit Härte und Kälte mehr bei dir aus als ich mit allen meinen Zugeständnissen. Wäre es denkbar, daß schlechte Behandlung einen Reiz für dich hat?

Bevor du dich aber einläßt in eine große Leidenschaft, bedenke, was das heißt. Halte dir vor Augen, wie grenzenlos ich leide, die Ratlosigkeit meiner Lage, meine wechselnden Stimmungen, die Ungereimtheit in meinen Briefen, meine Vertraulichkeiten, meine Verzweiflung, meine Ansprüche, meine Eifersucht ... Oh, du wirst dich unglücklich machen. Ich kann dich nicht genug bitten, lerne aus dem Zustand, in dem ich bin, daß wenigstens alles, was ich für dich ausstehe, dir irgendwie Nutzen bringt. Du hast mir, es ist fünf oder sechs Monate her, ein peinliches Geständnis gemacht. Mit großer Aufrichtigkeit vertrautest du mir an, daß du in deiner Heimat eine Dame geliebt hättest. Wenn sie es ist, die dich dort zurückhält, laß es mich ohne Schonung wissen, damit ich aufhöre, mich zu verzehren.

Ein kleiner Rest Hoffnung hält mich noch aufrecht, wenn er aber zu nichts führt, so ist es mir lieber, ihn auf der Stelle aufzugeben und mich mit ihm. Schick mir ihr Bild und einige ihrer Briefe. Schreibe mir alles, was sie dir sagt. Ich finde mir vielleicht einen Grund heraus, mich zu trösten, oder etwas, was mich noch trostloser macht.

Es ist mir unmöglich, länger in diesem Zustand auszuharren, jede Veränderung wäre eine Wohltat für mich. Ich wünsche mir auch das Bild deines Bruders und deiner Schwägerin. Alles, was dir etwas bedeutet, ist mir unendlich teuer, ich gehöre ganz und gar den Umständen, die mit dir zusammenhängen, und habe mir keine Spur Verfügung über mich selbst vorbehalten ... Manchmal habe ich das Gefühl, meine Unterwerfung wäre groß genug, derjenigen zu dienen, die du liebst. Ich bin so niedergeschlagen durch deine schlechte Behandlung und Geringschätzung, daß ich zuweilen auch nicht in Gedanken wage, mir vorzustellen, ich dürfte eifersüchtig sein, ohne mir deine Mißbilligung zuzuziehn, ja ich fühle mich ordentlich schuldig, daß ich dir Vorwürfe mache. Oft bin ich überzeugt, es ginge nicht an, dir immer wieder, wie rasend, ein Gefühl vorzustellen, das du nicht gelten läßt.

Es ist ein Offizier da, der schon lange auf den Brief
wartet: ich hatte die Absicht, ihn so zu schreiben, daß du
ihn ohne Widerwillen empfingest. Er ist recht verschro-
ben ausgefallen. Ich schließe. Ach, wenn ich nur könnte.
Ich meine, zu dir zu sprechen, wenn ich nur schreibe, du
scheinst mir um ein Haar gegenwärtiger. Der erste Brief
nach diesem wird weder so lang sein noch so unerfreu-
lich. Du darfst ihn ruhig aufmachen und lesen, ich ver-
spreche es dir. Natürlich, warum auch immer von einer
Liebe reden, die nicht deinen Beifall hat. Ich werde es
nicht mehr tun.

In ein paar Tagen wird es ein Jahr sein, daß ich mich dir
ganz hingegeben habe, ohne jede Rücksicht. Deine Gefühle machten mir den Eindruck, sehr stark zu sein und
sehr aufrichtig. Nie hätte ich mir vorgestellt, daß meine
Nachgiebigkeit dich so abstoßen könnte, daß du genötigt sein würdest, fünfhundert Meilen zurückzulegen
und dich dem Schiffbruch auszusetzen, nur um von mir
fortzukommen: von niemandem habe ich eine solche
Behandlung verdient. Erinnerst du dich denn, wie bange
und schüchtern und bestürzt ich war; aber du wirst dich
hüten, dich an etwas zu erinnern, was dich verpflichtete,
mich zu lieben, ob du willst oder nicht.

Der Offizier, der dir diesen Brief bringen soll, läßt mir
zum vierten Mal sagen, daß er fort muß. Was für Eile er
hat! Er läßt sicher hier ein unglückliches Mädchen im
Stich. Adieu, es kostet mich mehr, diesen Brief zu been-
den, als es dich gekostet hat mich zu verlassen, vielleicht
für immer. Adieu, ich wage nicht, dir tausend zärtliche
Namen zu geben und mich, unbeherrscht, meinem Antrieb zu überlassen. Ich liebe dich ja tausendmal mehr, als
ich denken kann. Was bist du mir teuer und was bist du

hart gegen mich! Du schreibst mir nicht, siehst du, das mußte ich dir noch sagen. Ich fange wieder an und der Offizier geht indessen. Was liegt daran, mag er gehen, ich schreibe mehr für mich selbst, als für dich. Ich brauche eine Erleichterung. Du wirst Angst bekommen, wenn du siehst wie lang dieser Brief ist, du wirst ihn nicht lesen. Was hab ich nur getan, um so unglücklich zu sein. Warum hast du mir mein Leben vergiftet? Wär ich doch ganz wo anders zur Welt gekommen. Adieu, verzeih mir. Ich kann dich ja nicht mehr bitten, mich zu lieben. Schau, was aus mir geworden ist ... Adieu.

DRITTER BRIEF

Was soll aus mir werden, was willst du, daß ich tun soll? Wie bin ich weit von allem, worauf ich seinerzeit vorbereitet war. Ich hatte mir vorgestellt, du würdest mir von allen Orten schreiben, durch die du kämst, und daß deine Briefe recht lang sein würden; du würdest meine Leidenschaft unterstützen durch die Hoffnung, dich wiederzusehen; ein vollkommenes Vertrauen in deine Treue würde mir eine Art von Gelassenheit verschaffen, so daß mein Zustand mindestens erträglich sich gestalte ohne übertriebene Schmerzen: ich ging sogar so weit, flüchtig zu erwägen, wie ich meine Kräfte verwenden könnte, um meine Leiden loszuwerden, falls mir eines Tages die Gewißheit entstünde, daß du mich ganz vergessen hast. Deine Abwesenheit, einzelne Augenblicke frommen Ergriffenseins, die Furcht, was mir von meiner Gesundheit bleibt, in Nachtwachen und Sorgen zugrunde zu richten, die geringe Aussicht auf deine Rückkehr, die Kälte deines Benehmens und deines Abschieds, dein Fortgehn, für das so ungenügende Vorwände herhalten mußten, – dies alles und tausend andere nur zu gute und überflüssige Gründe schienen mir dazu einen gewissen Beistand zu versprechen, falls ich dessen bedürfte. Am Ende hatte ich nur gegen mich selbst zu kämpfen, aber ich hatte keinen Begriff, wie schwach ich sei, und ahnte nicht alles das, was ich jetzt leide.

Ach, ich bin namenlos beklagenswert, weil ich meine Leiden nicht mit dir teilen kann und ganz allein sein muß in meinem Unglück. Dieser Gedanke tötet mich. Ich sterbe vor Entsetzen, wenn ich mir sage, daß dein Gefühl in allen unseren Freuden nie sehr bei der Sache war. Ja,

49

ich kenne jetzt die Verlogenheit deines ganzen Vor-
gehns: du hast mich betrogen, so oft du mir versicher-
test, es mache dich selig, mit mir allein zu sein. Einzig
meinem eigenen Ungestüm, mit dem ich mich dir auf-
drängte, verdank ich dein Interesse und deine Leiden-
schaftlichkeit. Kaltblütig hast du den Plan gefaßt, mich
zu entflammen. Du hast mein Gefühl nur wie einen
errungenen Sieg angesehen, dein Herz ist nie wirklich an
alledem beteiligt gewesen ... Macht es dich denn nicht
unglücklich und mußt du nicht sehr wenig Zartgefühl
besitzen, um aus meiner Hingabe keinen andern Gewinn
zu ziehen? Und wie ist es möglich, daß ich, bei so viel
Liebe, nicht imstande war, dich ganz glücklich zu machen? Ich weine (deinetwegen, einzig deinetwegen) um
die grenzenlosen Freuden, die dir verlorengegangen
sind: es muß schon so sein, daß du sie nicht hast genießen
wollen. Kenntest du sie, du würdest ohne Zweifel zugeben, daß sie empfindlicher sind als die Freude, mich
verführt zu haben, und du hättest Gelegenheit gehabt zu
erfahren, daß man bedeutend glücklicher ist und etwas
Rührenderes fühlt, wenn man selbst heftig liebt, als
wenn man sich lieben läßt.
Ich weiß nicht mehr, was ich bin, noch was ich will: ich
bin zerrissen von tausend sich widersprechenden Qua-
len. Kann man sich einen solchen Jammer denken? Ich
liebe dich namenlos, und ich habe zuviel Rücksicht für
dich, als daß ich dir ernstlich zu wünschen wagte, du
möchtest von demselben Wahnsinn geschüttelt sein ...
Ich würde mich töten, oder ich hätte es nicht mal nötig,
mich zu töten, ich stürbe vor Schmerz, wenn ich gewiß
wüßte, daß du nie zur Ruhe kommst, daß dein Leben
lauter Aufregung und Wirrnis ist, daß du nicht aufhörst

zu weinen und alles dir widerwärtig sei. Ich bestreite kaum meine eigenen Leiden; wie sollte ichs leisten, auch noch den Kummer zu tragen, den die deinigen mir verursachen würden, die mir tausendmal empfindlicher wären?

Und doch kann ich mich auch nicht entschließen, zu wünschen, daß du nicht mehr an mich denken solltest; offengestanden, ich bin rasend eifersüchtig auf alles, was dir Freude macht, was dir, dort in Frankreich, nach deinem Sinn und nach deinem Herzen ist.

Ich weiß nicht, warum ich dir schreibe. Du wirst höchstens Mitleid haben mit mir, das seh ich wohl, und ich will dein Mitleid nicht ... Es bringt mich auf gegen mich selbst, wenn ich überlege, was ich dir alles geopfert habe: ich habe meinen guten Ruf verloren, ich habe mich dem Wüten meiner Familie ausgesetzt, der Strenge der hiesigen Gesetze gegen die Nonnen und am Ende deinem Undank, der mir von allem meinem Unglück das größte scheint.

Trotzdem fühle ich deutlich, daß meine Gewissensbisse nicht ganz echt sind, daß ich aus Liebe zu dir von ganzem Herzen mit noch größeren Gefahren es hätte aufnehmen mögen, und es bereitet mir eine unselige Freude, daß ich mein Leben und meine Ehre aufs Spiel gesetzt habe. Mußte ich dir nicht alles Kostbarste, was ich besaß, zur Verfügung stellen? Und sollte ich nicht im Grunde ganz zufrieden sein, es so, wie ich tat, verwendet zu haben? Mir kommt immer vor, als wäre ich nicht so recht zufrieden, weder mit meinen Leiden, noch mit dem Übermaß meiner Liebe, obwohl ich doch, leider Gottes, keinen Anlaß habe, mit dir zufrieden zu sein. Ich lebe, ich Treulose, und ich tue genau soviel, mein Leben zu erhalten, wie es zu zerstören. Ich sterbe vor Beschämung. So ist meine Verzweiflung nur in meinen Briefen. Wenn ich dich so liebte, wie ich es dir tausendmal versichert habe: müßte ich nicht längst tot sein? Ich habe dich betrogen. Es ist an dir, dich zu beklagen. Ach, warum beklagst du dich nicht? Ich habe dich fortgehn sehen, mir bleibt keine Hoffnung, daß du je wiederkommst, und ich atme noch. Ich habe dich betrogen, ich bitte dich um Verzeihung. Du aber gieb nicht nach. Behandle mich mit Härte, finde, daß meine Gefühle nicht Gewalt genug haben. Sei immer schwerer zufriedenzustellen. Laß mir sagen, du willst, daß ich sterbe vor Liebe zu dir. Ich flehe dich an, mir auf diese Weise beizustehen, daß ich die Schwäche meines Geschlechts überwinde und alle meine Unentschlossenheiten in einer wahrhaftigen Verzweiflung zu Ende bringe.

Ein tragisches Ende würde dich zweifellos nötigen, oft an mich zu denken, mein Andenken würde dir teuer sein, das Außerordentliche eines solchen Todes würde dir möglicherweise nahe gehn. Und wäre er nicht in Wirklichkeit besser als der Zustand, auf den du mich heruntergebracht hast? Adieu, ich wollte, ich hätte dich nie gesehn. Ah, das ist wieder ein verlogenes Gefühl, ich weiß ganz genau, während ich dies hier schreibe, daß ich es vorziehe, in der Liebe zu dir elend zu sein, als dich nie gesehen zu haben.

Ich murre also nicht und bin mit meinem bösen Los einverstanden, da du es nicht besser hast gestalten wollen. Adieu, versprich mir, mich zärtlich zu betrauern, wenn ich Kummers sterbe, und daß wenigstens die Inständigkeit meiner Liebe dir Lust und Neigung zu allen anderen Dingen benehme. Das soll mir Trost genug sein; wenn ich dich schon aufgeben muß für immer, so will ich dich doch zum mindesten keiner andern lassen. Am Ende wärst du grausam genug, dich meiner Verzweiflung zu bedienen, um vor anderen noch liebenswürdiger zu erscheinen und um zu zeigen, daß du die größte Liebe von der Welt hast einflößen können? Adieu, noch einmal. Diese Briefe sind zu lang, die ich dir schreibe, ich nehme nicht genügend Rücksicht auf dich, verzeih mir, ich hoffe, du wirst etwas Nachsicht aufbringen für ein armes unzurechnungsfähiges Geschöpf, das, wie du weißt, nicht so war, bevor es dich liebte. Adieu, ich glaube, ich rede zu oft von dem unerträglichen Zustand, in dem ich jetzt bin: aber ich danke dir im Grunde meines Herzens für die Verzweiflung, die du über mich bringst, und ich habe nichts als Abscheu für die Ruhe, in der ich gelebt habe, ehe ich dich kannte. Adieu, es vergeht kein Augenblick, ohne daß meine Liebe zunimmt. Wieviel Dinge hab ich dir noch zu sagen . . .

VIERTER BRIEF

Ich finde, ich tue den Gefühlen meines Herzens das größeste Unrecht an, indem ich sie dir schreibe und bekannt mache. Welches Glück wärs für mich, wenn du sie erraten könntest aus der Stärke der deinen. Aber ich darf mich auf dich nicht verlassen, und ich kanns nicht unterdrücken, dir zu sagen (wenn ichs gleich nicht mit der Heftigkeit aussprechen mag, mit der ichs fühle), daß du mich nicht, wie dus tust, mißhandeln solltest, durch dein Vergessen, das mich zur Verzweiflung bringt und eine Schande ist für dich selbst. Ich habe zum mindesten das Recht zu erwarten, daß du mich klagen läßt über das Unglück, das ich ja voraussah, als ich dich entschlossen fand, mich zu verlassen. Ich habe mich geirrt, das seh ich wohl, als ich annahm, daß du redlicher gegen mich vorgehen würdest, als es im allgemeinen geschieht; das Übermaß meiner Liebe machte mich, wie es scheint, unfähig für alle Art von Verdacht und verdiente am Ende auch eine mehr als gewöhnliche Treue. Aber deine Anlage, mich zu verraten, ist so groß, daß sie schließlich das Übergewicht bekommt über die rechte Einschätzung alles dessen, was ich für dich getan habe. Ich wäre hinreichend unglücklich, wenn du nur deshalb Liebe für mich aufbrächtest, weil ich dich liebe; ich möchte alles deiner Zuneigung zu danken haben. Aber sogar von diesem Zustand bin ich so weit entfernt, daß ich seit sechs Monaten ohne einen einzigen Brief bleibe. Ich habe dieses ganze Unglück der Blindheit zuzuschreiben, mit der ich mich in meinem Gefühl zu dir gehen ließ. Hätte ich nicht voraussehen müssen, daß das, was ich genoß, eher aufhören wird als meine Liebe? Konnte ich mir einbilden, daß du dein

54

ganzes Leben in Portugal bleiben, auf dein Land, auf deine Laufbahn verzichten würdest, einzig im Gedanken an mich? Es giebt keine Erleichterung für das, was ich leide, und die Erinnerung an mein Glück macht meine Verzweiflung erst vollkommen. Ist wirklich alle meine Sehnsucht umsonst! Werd ich dich nie mehr, hier in meinem Zimmer sehen, glühend, hingerissen, wie du warst? Ach, ach, da red ich mich hinein, und ich weiß doch so genau, daß deine ganze Bewegtheit, die mir Kopf und Herz einnahm, nur von ein bißchen Lust aufgeregt war und mit ihr zugleich aufhörte. In diesen Momenten von zu großer Seligkeit hätt ich imstand sein müssen, meine Vernunft anzurufen, daß sie das triste Übermaß meiner Wonnen einschränke und mir schon etwas von dem vorstelle, was ich jetzt leide. Aber ich warf mich dir hin, ganz und gar, außerstande an etwas zu denken, was meine Freude vergiften und mich hindern könnte, die glühenden Beweise deiner Leidenschaft grenzenlos zu genießen. Es beschäftigte mich auf zu glückliche Art, mit dir beisammen zu sein, ich vermochte nicht zu denken, daß du eines Tages fort sein wirst und nicht bei mir. Trotzdem, ich weiß, hab ich dir manchmal gesagt, du würdest mich ins Unglück stürzen. Aber diese Angst ging rasch vorbei, ich genoß es auch noch, sie dir aufzuopfern und mich deinem Zauber und deinen falschen Versicherungen auszuliefern. Ich sehe wohl ein Mittel für alle meine Leiden, ich wäre sie los im Augenblick, da ich dich nicht mehr liebte. Aber was für ein Mittel! Nein, ich ziehe es vor, noch mehr auszustehen, als dich zu vergessen. Ach hängts denn von mir ab? Ich kann mir keinen Vorwurf machen, auch nur einen Moment gewünscht zu haben, dich nicht mehr zu lieben. Du bist beklagenswerter als ich; denn es ist besser, durchzumachen, was ich durchmache, als in den hinfälligen Vergnügungen zu stecken, die dir deine Maitressen in Frankreich bereiten. Ich beneide dich nicht um deine Gleichgültigkeit, du tust mir leid. Ich möchte doch sehn, ob du mich ganz vergessen kannst. Es ist mein Stolz, es durchgesetzt zu haben, daß du ohne mich nur unvollkommene Genüsse haben kannst. Und ich bin glücklicher als du, denn ich bin weit mehr beschäftigt.

Man hat mich seitdem zur Pförtnerin in diesem Kloster gemacht: alle die zu mir sprechen, halten mich für wahnsinnig; ich weiß nicht, was ich ihnen antworte: die Nonnen müssen ebenso von Sinnen sein wie ich selbst, daß sie meinen konnten, ich wäre imstande, auf irgendwas aufzupassen. Ich bin voller Neid gegen Manoel und Francisco, die Glücklichen: warum bin ich nicht beständig bei dir, wie sie? ich wäre dir gefolgt, und, weiß Gott, es wäre meinem Herzen ein Leichtes gewesen, dir besser zu dienen.

Ich habe keinen Wunsch auf dieser Welt, als dich zu sehn. Vergiß mich wenigstens nicht. Ich will mich begnügen mit deiner Erinnerung, aber ich habe keine Gewißheit dafür. Damals, als ich dich jeden Tag sah, da hoffte ich ganz andere Dinge als dein bißchen Erinnerung, aber du hast mich dazu abgerichtet, mich deinem Willen zu unterwerfen. Und doch, doch, ich bereue nicht, daß ich dich angebetet habe. Es macht mich froh, daß du gekommen bist mit deiner Verführung. Alle Härte deines Weggehns, vielleicht für immer, kann der Hingerissenheit meiner Liebe nicht Abbruch tun: ich will, daß die ganze Welt es weiß, ich mache kein Geheimnis daraus, ich bin entzückt, alles das, was ich tat, getan zu haben, für dich und gegen alles, was Sitte und Anstand heißt. Meine Ehre, meine Religion besteht nur noch darin, dich aufs äußerste zu lieben, da ich einmal mit dieser Liebe angefangen habe. Das alles sag ich dir nicht, damit du dich verpflichtet fühlst, mir zu schreiben. Tu dir nur keinen Zwang an. Ich will nur das, was von selbst aus dir kommt, und ich lehne alle Liebesbezeugungen ab, die du in dir zu unterdrücken vermöchtest. Wenn es dir Vergnügen macht, dich nicht anzustrengen um mir zu schreiben, so werde ich mein Vergnügen darin finden, dich zu entschuldigen. Meine Neigung, dir alles zu verzeihen, ist ohne Grenzen.

Ein französischer Offizier hat mir, aus Barmherzigkeit, heute drei Stunden von dir gesprochen, er hat mir gesagt, daß Frankreich den Frieden geschlossen hat. Ist das der Fall, kannst du dann nicht kommen und mich mit nach Frankreich nehmen? Aber ich verdiene es nicht, tu, was dir gut scheint, meine Liebe hängt nicht mehr davon ab, wie du mich behandelst.

Seit du fort bist, hab ich nicht einen gesunden Augenblick, nichts bereitet mir Wohltun, als tausendmal im Tag deinen Namen herzusagen. Einige von den Nonnen kennen den beklagenswerten Zustand, in den du mich gestürzt hast, und kommen öfters und sprechen mir von dir. Ich verlasse so wenig als möglich mein Zimmer, in dem du so viele Male eingetreten bist, ich bin immerfort vor deinem Bild, das mir tausendmal teurer ist als mein Leben. Es verschafft mir ein wenig Glück, aber es macht mir auch reichlich Kummer, wenn ich denke, daß ich dich vielleicht niemals wiedersehen werde. Warum, um alles in der Welt, darf es denn möglich sein, daß ich dich vielleicht nie wiedersehe? Hast du mich für immer verlassen? Ich bin in Verzweiflung ... Deine arme Marianna kann nicht mehr, sie schließt diesen Brief, sie fühlt eine Ohnmacht kommen. Adieu, adieu. Erbarm dich meiner.

FÜNFTER UND LETZTER BRIEF

Ich schreibe dir zum letzten Mal ... und ich hoffe, du wirst aus dem Unterschied meiner Ausdrucksweise und aus der ganzen Art dieses Briefes verstehen, daß du es endlich erreicht hast, mich zu überzeugen, daß du mich nicht mehr liebst, so daß auch ich dich nicht mehr lieben darf.

Ich schicke dir also mit der nächsten Gelegenheit alles, was ich noch von dir habe. Fürchte nicht, daß ich dir schreibe; ich werde nicht einmal deinen Namen auf das Paket schreiben. Ich habe Dona Brites gebeten, alles das zu besorgen; sie ist es gewohnt, meine Vertraute zu sein, freilich in Dingen, die von diesen hier sehr verschieden waren: ich darf mich auf sie besser verlassen als auf mich selbst. Sie wird alles Nötige tun, damit ich mit Sicherheit annehmen kann, daß das Porträt und die Armbänder, die du mir gegeben hast, wirklich in deine Hände kommen.

Wissen sollst du aber, daß ich mich seit einigen Tagen fähig fühle, diese Beweise deiner Liebe, die mir so teuer waren, zu verbrennen und zu zerreißen; nur hab ich dir leider so viel Schwäche gezeigt, daß du nie würdest glauben wollen, ich sei zu diesem Äußersten imstande gewesen ... Aus dem Schmerz, den es mich gekostet hat, mich davon zu trennen, will ich mir schon eine Art Genuß herausschlagen, und dir kann ich wenigstens etwas Ärger damit bereiten.

Ich gestehe, zu deiner und meiner Schande, daß ich an diesen Kleinigkeiten mehr hing, als ich dir sagen will; ich mußte von neuem alle meine Einsichten durchgehen, um mich von jeder, im einzelnen, loszumachen; und das zu einer Zeit, da ich mir Glück wünschte, von dir schon völlig frei zu sein. Aber was erreicht man nicht, wenn einem Gründe haufenweis zur Verfügung stehen. Ich habe Dona Brites alles übergeben. Mein Gott, alle die Tränen, die es mich gekostet hat, mich dazu zu bestimmen! Du hast keine Ahnung von den tausend Unentschlossenheiten, die in einem aufgeregt werden können, und ich werde sie dir sicher nicht herzählen ... Sie sollte, bat ich sie, mir nie davon sprechen, und mir diese Dinge nicht mehr vor Augen bringen, selbst wenn ich verlangte, sie noch einmal zu sehen; ich darf nicht wissen, wann man sie absendet.

Ich kenne das ganze Übermaß meiner Liebe erst, seit ich alle diese Anstrengungen machen mußte, mich von ihr zu heilen; und ich glaube, ich hätte nie den Mut gehabt, sie zu unternehmen, wenn sich hätte voraussehen lassen, wie schwer und schrecklich das sein würde. Es wäre auf alle Fälle eine mildere Qual für mich gewesen, dich weiterzulieben, trotz deines Undanks, als dich für immer aufzugeben. Ich entdeckte, daß ich nicht so sehr an dir hänge als an meiner eigenen Leidenschaft; du warst mir durch dein kränkendes Benehmen schon verhaßt geworden, aber es war wunderlich, wie es mich leiden machte, gegen sie anzukämpfen.

Der gewöhnliche Stolz der Frau hat mir nichts geholfen bei dem, was ich wider dich zu beschließen hatte. Ach, deine Verachtung war mir schon geläufig. Ich hätte auch noch deinen Haß ausgehalten und alle Eifersucht, die, möglicherweise, deine Neigung für eine andere in mir hervorgerufen hätte. Es wäre doch etwas dagewesen, womit sich hätte ringen lassen. Was mir aber völlig unerträglich ist, das ist deine Gleichgültigkeit. Aus den unverschämten Freundschaftsversicherungen und den nichtssagenden Phrasen in deinem letzten Brief konnte ich merken, daß du alle meine Briefe empfangen hast; du hast sie, weiß Gott, lesen können, ohne daß in deinem Herzen das Geringste sich rührte. Du Undankbarer, – und ich bin dumm genug, mich noch zu kränken, daß mir nun nicht einmal die Möglichkeit bleibt, mir einzubilden, sie wären gar nicht bis zu dir gelangt und nie in deine Hände gekommen.

Du, mit deiner Offenheit, – ich verabscheue sie. Hab ich dich etwa gebeten, mir aufrichtig die Wahrheit zu sagen? Durfte ich nicht meine Gefühle behalten? Es hätte genügt, daß du mir nicht schreibst. Ich hatte gar keinen Wunsch, aufgeklärt zu sein. Soll es mich nicht unglücklich machen, daß du es für überflüssig hältst, mich zu täuschen, und daß ich nun außerstande bin, dich noch zu entschuldigen? Ich begreife jetzt, mußt du wissen, daß du meiner Gefühle nicht wert bist, ich kenne alle deine schlechten und niedrigen Seiten.

Aber ich beschwöre dich (wenn alles, was ich für dich getan habe, verdient, daß du auf eine flehentliche Bitte meinerseits ein wenig Rücksicht nimmst), ich beschwöre dich: schreib mir nicht mehr und hilf mir, daß ich dich von Grund aus vergesse. Solltest du mich wissen lassen, daß dieser Brief dir ein Unbehagen bereitet hat, ich wäre imstande, es dir zu glauben. Andererseits kann ich mir vorstellen, daß ich in Zorn und Aufregung geraten würde, wenn ich erführe, daß du vollkommen mit ihm einverstanden warst; und beides könnte zur Folge haben, daß ich wieder lichterloh brenne.

Mische dich also nicht mehr in das, was ich tue; du würdest in jedem Fall meine Absichten umstürzen, in welcher Weise du dich auch hineindrängtest. Ich will nicht wissen, wie dieser Brief auf dich wirkt: störe mir nicht den Zustand, an dem ich arbeite. Ich glaube, du kannst dich zufriedengeben, mit dem Unheil, das du angerichtet hast.

Was immer dich getrieben haben mag mich unglücklich zu machen: laß mir jetzt meine Ungewißheit; ich hoffe, ich bringe es zustande, mit der Zeit eine Art Ruhe daraus zu entwickeln. Ich kann dir versprechen, dich nicht zu hassen; ich habe viel zu viel Mißtrauen gegen starke Gefühle, als daß ich mich damit einlassen sollte. Übrigens bin ich sicher, daß sich hier ein treuerer Liebhaber finden ließe. Nur, ach, wird einer imstande sein, mir Liebe beizubringen? Wird die Leidenschaft eines andern mich beschäftigen können? Die meine hat doch bei dir nichts ausgerichtet. Und ich habe die Erfahrung gemacht, daß ein Herz nie mehr über den Anlaß hinauskommt, der es zuerst gerührt und ihm die unbekannten Kräfte gezeigt hat, deren es fähig war. Alle seine Antriebe beziehn sich auf den Götzen, den es sich gebildet hat; seine ersten Wunden sind weder zu heilen, noch ungeschehen zu machen; die Leidenschaften, die ihm zu Hülfe kommen, und die sich Mühe geben es auszufüllen und zu stillen, versprechen ihm umsonst einen Grad des Empfindens, den es nicht wiederfindet; es sucht die Freuden ohne rechte Lust, ihnen zu begegnen, und sie dienen schließlich nur dazu, ihm zu beweisen, daß ihm nichts teuerer sei als seine Schmerzen, die es nicht vergißt.

Was mußte ich durch dich die Halbheit und Bitternis einer Beziehung kennenlernen, die nicht ewig dauert, und das ganze Verhängnis einer heftigen Liebe, wenn sie nicht gegenseitig ist? Welches blinde und boshafte

Schicksal heftet sich an uns, um uns genau immer an *die* zu bringen, die nur für eine andere zu fühlen vermöchten?

Angenommen, ich hätte ein Recht, mir von einer neuen Verbindung etwas Unterhaltung zu erwarten, und ich träfe wirklich einen, dem ich trauen könnte: ich bin so voller Mitleid mit mir selbst, daß ich mir die ärgsten Vorwürfe machen müßte, den Letzten und Geringsten in die Lage zu bringen, in die du mich versetzt hast. Selbst wenn es durch irgendeine unerwartete Wendung in meiner Macht stünde, ich hätte nicht das Herz, mich so grausam an dir zu rächen, ob ich dir gleich nicht die mindeste Schonung schuldig bin.

Ich versuche gegenwärtig dich zu entschuldigen, ich begreife, daß eine Nonne im allgemeinen nicht sehr zur Liebe geeignet ist. Und doch wieder scheint es mir, man sollte, wenn man bei der Wahl der Geliebten mit einiger Überlegung vorgeht, gerade die Nonnen eigentlich den anderen Frauen vorziehen: sie hindert nichts, unaufhörlich an ihre Leidenschaft zu denken; sie sind nicht abgelenkt von den tausend Dingen, die die andern draußen fortwährend zerstreuen und beschäftigen. Es kann doch gar nicht sehr angenehm sein, diejenigen, die man liebt, beständig von tausend Kleinigkeiten in Anspruch genommen zu sehen, und man muß arg unempfindlich sein, wenn man (ohne in Verzweiflung zu geraten) es erträgt, daß sie von nichts anderem reden, als von Gesellschaften, Kleidern und Promenaden. Ohne Ende ist man neuen Eifersüchteleien ausgesetzt, denn es gehört zu ihnen, daß sie für eine Menge Leute Rücksicht und Entgegenkommen haben müssen und Bereitschaft, sich mit ihnen zu unterhalten. Wer darf sicher sein, daß sie bei allen diesen Gelegenheiten kein Vergnügen empfinden; daß das alles ein Martyrium für sie ist, dem sie sich widerwillig und ohne Zustimmung unterwerfen? Und wie mag ihnen selbst ein Liebhaber verdächtig scheinen, der nicht genaue Rechenschaft darüber verlangt, ohne weiters ruhig glaubt, was sie ihm erzählen, und in Frieden und Vertrauen zusieht, wie sie ihren Pflichten nachgehn ...

Aber ich behaupte nicht, dir mit guten Gründen zu beweisen, daß du mich lieben mußt; dies sind sehr untergeordnete Mittel, ich habe seinerzeit viel bessere angewendet, und sie haben zu nichts geführt. Ich kenne mein Los zu gut, als daß ich versuchen sollte, es zu überschreiten. Ich werde unglücklich sein mein ganzes Leben lang: war ich es denn nicht damals, als ich dich täglich sah? Ich starb fast vor Angst, daß du mir nicht treu wärest, ich wollte dich jeden Augenblick sehen, und das war unmöglich. Ich zitterte für dich, wenn du ins Kloster kamst; und warst du bei der Armee, so lebte ich überhaupt nicht. Ich war außer mir, daß ich nicht schöner war und deiner nicht würdiger. Ich war unzufrieden mit der Mittelmäßigkeit meiner Abkunft. Oft stellte ich mir vor, die Neigung, die du, allem Anschein nach, für mich gefaßt hattest, würde dir gelegentlich schaden. Ich fand, ich liebte dich nicht genug. Ich fürchtete für dich den Zorn meiner Familie, – mit einem Wort, ich war in einem Zustand, genau so erbärmlich wie der, in dem ich mich jetzt befinde.

Hättest du mir, seit du nicht mehr in Portugal bist, ein Zeichen deiner Liebe gegeben, ich hätte alles getan, von hier hinauszukommen, verkleidet, und hätte dich aufgesucht. Himmel, was wäre aus mir geworden nach meiner Ankunft in Frankreich, wenn du dich nicht um mich gekümmert hättest. Diese heillose Verkommenheit! Welcher Gipfel von Schande für meine Familie, für die ich viel Liebe habe, seit ich dich nicht mehr liebe.

Ich gebe mir, siehst du, ganz kaltblütig, Rechenschaft darüber, daß ich hätte, unter Umständen, noch bedauernswerter werden können, als ich bin. Das ist vernünftig gesprochen, nicht wahr, wenigstens einmal in meinem Leben. Ob es dir gefällt, daß ich mich zusammennehme, ob du zufrieden bist mit mir, will ich nicht wissen; ich habe dich schon gebeten, mir nicht mehr zu schreiben, ich bitte dich nochmals dringend darum.

Ist dir noch nie zum Bewußtsein gekommen, auf welche Weise du mich behandelt hast? Denkst du niemals daran, daß du gegen mich mehr Verpflichtungen hast als gegen sonst jemand auf der Welt? Ich habe dich geliebt wie eine Wahnsinnige. Wie hab ich nicht alles andere mit Füßen getreten. Dein Benehmen war nicht das eines Mannes von Ehre. Du mußt schon gegen mich eine natürliche Abneigung gehabt haben, daß du nicht aus Liebe zu mir vergangen bist. Und was mich so von dir einnehmen konnte, das waren recht mittelmäßige Dinge. Was hast du mir eigentlich zu Gefallen getan? Welches Opfer hast du mir gebracht? Warst du nicht hinter tausend andern Vergnügungen her? Das Spiel, die Jagd, hast du sie vielleicht aufgegeben? Bist du nicht der Erste gewesen, der zum Heere abging, und bist du nicht später wiedergekommen, als alle andern? Du hast dich unnötigerweise den tollsten Gefahren ausgesetzt, wie sehr ich dich auch gebeten hatte, mirzuliebe dich zurückzuhalten. Dein Ansehen in Portugal war nicht gering, trotzdem hast du keine Schritte getan, dich hier niederzulassen.

Ein Brief deines Bruders genügte, du reistest ohne nur einen Moment zu zögern. Und habe ich nicht zum Überfluß erfahren müssen, daß du auf der ganzen Reise bei bester Laune warst.

Wahrlich, ich gestehe, ich sehe keinen Ausweg, als dich tödlich zu hassen. Aber ich habe selbst alles getan, mir mein Elend zuzuziehen. Ich habe dich, viel zu offenherzig, von Anfang an an eine große Leidenschaft gewöhnt, man muß mehr Kunst anwenden, wenn man sich geliebt machen will; man muß geschickt die Mittel herausfinden, die zünden, mit Liebe allein macht man noch keine Liebe. Du wolltest, daß ich dich lieben sollte, das war dein Plan; und da er einmal gefaßt war, gab es nichts, wozu du nicht bereit gewesen wärst, um ihn durchzuführen. Du hättest dich am Ende sogar entschlossen, mich zu lieben, wenn das nötig gewesen wäre; aber du merktest bald, daß du bei deinem Unternehmen ohne Liebe zum Ziel kommen würdest, daß du sie gar nicht brauchtest. Welche Niederträchtigkeit. Glaubst du, es ist so einfach, mich ungestraft zu betrügen? Wenn es sich je fügt, daß du dieses Land noch einmal betrittst, du darfst gewiß sein, daß ich dich der Rache meiner Familie ausliefere.

Ich habe lange in einer Vergessenheit gelebt, in einer Götzendienerei, die mich erschauern macht, wenn ich daran denke. Meine Gewissensbisse verfolgen mich mit einer unerträglichen Härte. Ich fühle lebhaft das Schändliche der Verbrechen, die du mich hast begehen lassen, und meine Leidenschaft ist leider fort, die mich verhinderte, sie in ihrer ganzen Ungeheuerlichkeit zu sehen. Wann wird mein Herz zu Ruhe kommen? Wann werde ich einmal diese Pein los sein? Trotz alledem wünsche ich dir, glaube ich, nichts Böses, und ich würde mich schließlich ohne Widerspruch hineinfinden, daß du glücklich wirst. Aber wie in aller Welt könntest du's sein, wenn du ein Herz hast.

Ich werde dir noch einen Brief schreiben, um dir zu zeigen, daß ich vielleicht in einiger Zeit ruhiger bin. Es wird mir ein Genuß sein, dir deine Ruchlosigkeiten vorzuhalten, sobald sie mich nicht mehr so lebhaft berühren; und wenn ich erst soweit bin, dir mitzuteilen, daß ich dich verachte; daß ich imstande bin mit großer Gleichgültigkeit davon zu sprechen, wie du mich hintergangen hast, daß alle meine Schmerzen vergessen sind, und daß ich mich deiner nur erinnere, wenns mir grade einmal einfällt!

Zugeben muß ich immer noch, daß du große Überlegenheit über mich besaßest und daß du mich mit einer Leidenschaft erfüllt hast, über der ich den Verstand verlor; aber du darfst dir nicht viel darauf einbilden. Ich war jung, leichtgläubig, seit meiner Kindheit eingeschlossen in diesem Kloster. Alle Menschen, die ich sah, waren nicht sehr einnehmend. So schöne Dinge, wie du sie mir beständig sagtest, hatte ich nie gehört. Es kam mir vor, als verdankte ich dir die Vorzüge und die Schönheit, die du an mir entdecktest und mir zum Bewußtsein brachtest. Man sprach gut von dir. Alle Welt war auf deiner Seite. Du tatest alles, wessen es bedurfte, Liebe in mir aufzuregen: aber ich habe endlich diese Verzauberung abgeschüttelt; du hast mich redlich dabei unterstützt, und ich verberge dir nicht, ich hatte solchen Beistand außerordentlich nötig.

Deine Briefe gehen an dich zurück, nur die beiden letzten will ich sorgfältig aufbewahren und von Zeit zu Zeit lesen, noch öfter womöglich, als ich die ersten gelesen habe: das wird mich vor allem Schwachwerden schützen. Sie sind mir teuer zu stehen gekommen, diese Briefe. Nichts als dich weiterlieben dürfen, und ich wäre glücklich gewesen. Ich sehe, ich beschäftige mich noch viel zu viel mit meinen Vorwürfen und mit deiner Untreue; doch, du weißt, ich habe mir versprochen, einen ruhigeren Zustand zu erreichen, und ich werde es durchsetzen oder ich muß irgendein äußerstes Mittel wider mich gebrauchen, das dir nicht sehr nahe gehen wird, wenn du davon erfährst ... Aber ich will nichts mehr von dir. Ich bin eine Närrin, daß ich immer wieder dasselbe sage. Dich aufgeben, nicht mehr an dich denken, das ist alles, was not tut. Ich glaube sogar, ich werde nicht mehr schreiben. Bin ich am Ende verpflichtet, dir genaue Rechenschaft abzulegen über alle meine verschiedenen Gefühle? ...

Ende

DIE VIERUNDZWANZIG SONETTE
DER LOUÏZE LABÉ

‹1917›

Lyoneserin. 1555

DAS ERSTE SONETT

Hat keiner je, Odysseus oder wer
sonst findig war, von diesem anmutvollen
und hohen Gott so drängende Beschwer,
wie ich sie leiden muß, vermuten wollen.

Denn du hast, Liebe, mit dem Blick mir fast
die Brust durchbohrt. Und mein von Glut und Speise
berstendes Herz ist jetzt auf keine Weise
zu retten, wenn du selbst kein Mittel hast.

O wunderliches Schicksal über mir.
Als wär ich von dem Skorpion gestochen
und hoffte Heilung durch dasselbe Tier.

Ich wünsche frei zu sein von meinen Nöten
und doch mich ihrem Grund zu unterjochen.
So bleibt kein Ausweg mehr. Es wird mich töten.

DAS ZWEITE SONETT

O braune Augen, Blicke weggekehrt,
verseufzte Luft, o Tränen hingegossen,
Nächte, ersehnt und dann umsonst verflossen,
und Tage strahlend, aber ohne Wert.

O Klagen, Sehnsucht, die nicht nachgiebt, Zeit
mit Qual vertan und nie mehr zu ersetzen,
und tausend Tode rings in tausend Netzen
und alle Übel wider mich bereit.

Stirn, Haar und Lächeln, Arme, Hände, Finger,
Geige, die aufklagt, Bogen, Stimme, – ach:
ein brennlich Weib und lauter Flammen-Schwinger.

Der diese Feuer hat, dir trag ichs nach,
daß du mir so ans Herz gewollt mir allen,
und ist kein Funken auf dich selbst gefallen.

DAS DRITTE SONETT

Langes Verlangen, Hoffnung ohne Sinn,
Geseufz und Tränen so gewohnt zu fließen,
daß ich fast ganz in den zwei Strömen bin,
in welche meine Augen sich ergießen.

O Härten von entmenschter Grausamkeit,
himmlisches Licht, das karg zu schaun geruhte;
und immer noch im abgelehnten Blute
zunehmend das Gefühl der frühsten Zeit.

Als litt ich nicht genug. So mag noch schlimmer
der Gott an mir den Bogen proben. Pfeil
und Feuer verschwendet er sich selber zum Verdruß:

Denn ich bin so versehrt und nirgends heil,
daß keine neue Wunde an mir nimmer
die Stelle fände, wo sie schmerzen muß.

DAS VIERTE SONETT

Seitdem der Gott zuerst das ungeheuer
glühende Gift in meine Brust mir sandte,
verging kein Tag, da ich davon nicht brannte
und dastand, innen voll von seinem Feuer.

Ob er mit Drohungen nach mir gehascht,
mir Mühsal auflud, mehr als nötig, oder
mir zeigte, wie es endet: Tod und Moder –,
mein Herz in Glut war niemals überrascht.

Je mehr der Gott uns zusetzt, desto mehr
sind unsre Kräfte unser. Wir verdingen
nach jedem Kampf uns besser als vorher.

Der uns und Götter übermag, ist denen
Geprüften nicht ganz schlecht: er will sie zwingen,
sich an den Starken stärker aufzulehnen.

DAS FÜNFTE SONETT

O Venus in den Himmeln, klare du,
hör meine Stimme; denn solang du dort
erscheinst, wird sie, ganz voll, dir immerfort
die lange Arbeit singen, die ich tu.

Mein Aug bleibt sanfter wach, wenn du es siehst,
und seine Flut wird strömender und fließt
viel leichter hin in meine Lagerstatt,
wenn seine Mühsal dich zum Zeugen hat

zur Zeit, da Schlaf und Ausruhn wohlgemeint
die Menschen hinnimmt, die sich müd gedacht.
Ich, ich ertrag, solang die Sonne scheint,

das, was mir weh tut, und wenn ich zum Schluß
zu Bette geh, fast wie entzwei: ich muß
das, was mir weh tut, schrein die ganze Nacht.

DAS SECHSTE SONETT

Zwei-dreimal selig jenes Wiederkehren
des starken Sterns. Uns seliger noch das,
worauf er weilt. Du, die er anstrahlt, laß
dir einen Tag der Herrlichkeit bescheren.

Mit einer Wendung möge Morgenluft
sich zu den offnen Blumen Florens senken,
ihr ganzes Atmen dir herüberschwenken
und deine Lippen lassen ihren Duft.

Keine verdient dies Glück, wie ichs verdiene
für viel verweinte und verlorne Zeit.
Wie tät ich schön mit ihm, wenn er erschiene;

ich müßte Größres über ihn vermögen
und hielte meine Augen so bereit,
daß sie ihn schnell und sieghaft niederbögen.

DAS SIEBENTE SONETT

Man sieht vergehen die belebten Dinge,
sowie die Seele nicht mehr bleiben mag.
Du bist das Feine, ich bin das Geringe,
ich bin der Leib: wo bist du, Seele, sag?

Laß mich so lang nicht in der Ohnmacht. Trage
Sorge für mich und rette nicht zu spät.
Was bringst du deinen Leib in diese Lage
und machst, daß ihm sein Köstlichstes enträt?

Doch wirke so, daß dieses Sich-Begegnen
in Fühlbarkeit und neuem Augenschein
gefahrlos sei: vollziehs nicht in verwegnen

und herrischen Erschütterungen: nein,
laß sanfter in mich deine Schönheit gleiten,
die gnädig ist, um länger nicht zu streiten.

DAS ACHTE SONETT

Ich leb, ich sterb: ich brenn und ich ertrinke,
ich dulde Glut und bin doch wie im Eise;
mein Leben übertreibt die harte Weise
und die verwöhnende und mischt das Linke

mir mit dem Rechten, Tränen und Gelächter.
Ganz im Vergnügen find ich Stellen Leides,
was ich besitz, geht hin und wird doch ächter:
ich dörr in einem und ich grüne, beides.

So nimmt der Gott mich her und hin. Und wenn
ich manchmal mein, nun wird der Schmerz am größten,
fühl ich mich plötzlich ganz gestillt und leicht.

Und glaub ich dann, ein Dasein sei erreicht,
reißt er mich nieder aus dem schon Erlösten
in eine Trübsal, die ich wiederkenn.

DAS NEUNTE SONETT

Gleich wenn ich endlich abends so weit bin,
daß ich im weichen Bett des Ruhns beginne,
zieht sich der arme Antrieb meiner Sinne
aus mir zurück und mündet zu dir hin.

Dann glaub ich an die Zartheit meiner Brüste
das, was ich ganz begehre, anzuhalten,
und *so* begehre, daß mir ist, als müßte
mein Schrein danach, wo es entsteht, mich spalten.

O Schlaf, der nachgiebt, Nacht für mich gemeinte,
innige Stillung, glückliche Genüge,
halt vor für aller meiner Nächte Traum.

Ist für das immer wieder mir Verneinte
in dieser vollen Wirklichkeit nicht Raum,
so laß es mir gehören in der Lüge.

DAS ZEHNTE SONETT

Seh ich dein Haupt, das blonde, schöngekrönt,
und deiner Laute Klagen, so beflissen,
daß Bäume ihr und Felsen, hingerissen,
nachdrängen möchten, wo sie tönt;

seh ich dich selbst inmitten deiner Kraft
auf alle Art den größten Preis erreichen
und immer aufglühn und die andern bleichen,
so sagt sich meines Herzens Leidenschaft:

Kann so viel Eignung, Tugend und Talent,
die macht, daß jeder gleich für dich entbrennt,
dich selber nicht am Ende lieben machen?

Zu deinen tausend Titeln käme dies:
daß deine Liebe sich erbitten ließ,
sich an der meinen zärtlich zu entfachen.

DAS ELFTE SONETT

O Blicke, Augen aller Schönheit voll,
wie kleine Gärten, die in Liebe stehen:
was hab ich lange da hineingesehen,
obwohl ich eure Pfeile meiden soll.

Zweideutiges Herz, du hältst mich grausam fest
mit deinem Starrsein, deinem fürchterlichen,
wie viele Tränen hast du mir erpreßt,
wenn ich mein Herz, das brennt, mit dir verglichen.

Ihr Augen, ja, je mehr ihr dorthin schaut,
je mehr wird euch des Anblicks Lust vertraut;
doch du mein Herz, wenn sie sich ganz verlieren

in ihrem Schauen, hast davon nur Qual.
Wie soll ich ruhig sein ein einziges Mal:
dein Glück ist nicht vereinbar mit dem ihren.

DAS ZWÖLFTE SONETT

Laute, Genossin meiner Kümmernis,
die du ihr beiwohnst innig und bescheiden,
gewissenhafter Zeiger meiner Leiden:
wie oft schon klagtest du mit mir. Ich riß

dich so hinein in diesen Gang der Klagen,
drin ich befangen bin, daß, wo ich je
seligen Ton versuchend angeschlagen,
da unterschlugst du ihn und töntest weg.

Und will ich dennoch anders dich verwenden,
entspannst du dich und machst mich völlig stumm.
Erst wenn ich wieder stöhne und mich härme,

kommst du zu Stimme, und ich fühle Wärme
in deinem Inneren; so sei es drum:
mag sanft als Leiden (was stets Leid war) enden.

DAS DREIZEHNTE SONETT

O wär ich doch entrückt an ihn, gepreßt
an seine Brust, für den ich mich verzehre.
Und daß der Neid mir länger nicht mehr wehre,
mit ihm zu sein für meiner Tage Rest.

Daß er mich nähme und mir sagte: Liebe,
wir wollen, eins im anderen genug,
uns so versichern, daß uns nichts verschiebe:
nicht Sturm, nicht Strömung oder Vogelflug.

Wenn dann, entrüstet, weil ich ihn umfasse,
wie sich um einen Stamm der Efeu schweißt,
der Tod verlangte, daß ich von ihm lasse:

Er küßte mich, es mündete mein Geist
auf seine Lippen; und der Tod wär sicher
noch süßer als das Dasein, seliglicher.

DAS VIERZEHNTE SONETT

Solange meine Augen Tränen geben,
dem nachzuweinen, was mit dir entschwand;
solang in meiner Stimme Widerstand
gegen mein Stöhnen ist, so daß sie eben

noch hörbar wird; solange meine Hand
die schöne Laute von so lieben Dingen
kann singen machen, und sich unverwandt
mein Geist dir zukehrt, um dich zu durchdringen:

so lang hat Sterben für mich keinen Sinn.
Doch wenn ich trocken in den Augen bin,
die Stimme brüchig wird, die Hand nicht mag,

und wenn mein Geist mir hier die Kraft entzieht,
durch die ich mich als Liebende verriet:
so schwärze mir der Tod den klarsten Tag.

DAS FÜNFZEHNTE SONETT

Der Sonne, eh sie wiederkommt, zu Ehren
erhebt sich leicht der reine Morgenwind.
Wasser und Erde, siehe, sie erwehren
sich schon des Schlafes, der das eine lind

hinrinnen ließ und stärker, lichterloher
die andre blühen machte. Im Geäst
jubeln die Vögel, die's nicht ruhen läßt,
und wer vorübergeht, wird davon froher.

Und Nymphen: in den kühlen Wiesen, die
noch Mondschein haben, sind sie schon am Spiele.
Günstiger Frühwind, wenn es dir gefiele,

daß ich mich selbst auch neu an dir belebe.
O tu nur, daß sich meine Sonne hebe,
und du sollst sehn: ich werde schön wie nie.

DAS SECHZEHNTE SONETT

Wenn Wetter eine Zeit und Hagelschauer
oben den hohen Kaukasus umfing,
kommt langsam wieder schönes Licht zur Dauer.
Und Phöbus, wenn er seinen vollen Ring

vollendet hat, tritt rückwärts in die Wogen
und läßt die schmale Schwester an die Reih.
Sogar des Parthers Kampfwut geht vorbei,
er flieht zuletzt und schleppt den schlaften Bogen.

War eine Zeit, da schien dir mein Gefühl
(ich tröstete dich manchmal) unentschlossen;
doch jetzt, seit ich in deinen Armen war

und dort, wo du mich wolltest, ganz und gar:
hast du dein Feuer plötzlich fortgegossen
und bist, wie ich es niemals konnte, kühl.

DAS SIEBZEHNTE SONETT

Ich flieh die Stadt, die Kirchen, jeden Ort,
wo ich dich sehe, wo du dich beklagst
und, wie du bist, gewaltsam, immerfort
dem näher kommst, was du zu fordern wagst.

Turniere, Spiele, Maskenzüge: nichts
von alledem ist mit dir zu vergleichen.
Ich suche meinen Wünschen auszuweichen
und, von dir abgekehrten Angesichts,

daß etwas dem Verliebtsein mich entrisse,
verlier ich im Gehölz mich hin und her;
doch alles ist gemacht, damit ich wisse:

Ich müßte, um dich wirklich aufzugeben,
aus mir hinaus und außer meiner leben:
denn als Entfernter bist du dort noch mehr.

DAS ACHTZEHNTE SONETT

Küß mich noch einmal, küß mich wieder, küsse
mich ohne Ende. Diesen will ich schmecken,
in dem will ich an deiner Glut erschrecken,
und vier für einen will ich, Überflüsse

will ich dir wiedergeben. Warte, zehn
noch glühendere; bist du nun zufrieden?
O daß wir also, kaum mehr unterschieden,
glückströmend ineinander übergehn.

In jedem wird das Leben doppelt sein.
Im Freunde und in sich ist einem jeden
jetzt Raum bereitet. Laß mich Unsinn reden:

Ich halt mich ja so mühsam in mir ein
und lebe nur und komme nur zu Freude,
wenn ich, aus mir ausbrechend, mich vergeude.

DAS NEUNZEHNTE SONETT

Diana, atemlos von manchem Tier,
stand weit im Wald in einer stillen Lichtung,
und ihre Nymphen kamen heiß zu ihr.
Ich ging wie immer träumend, ohne Richtung

und dachte nicht daran. Da rief mir eine:
Nymphe! Was schaust du so? Nimmst du nicht teil?
Diana wartet. Aber da sie meine
Hände gewahrte, Bogen nicht noch Pfeil

in ihnen, staunte sie: Was ist geschehn?
Hat man dir Bogen und Geschoß genommen?
Ach, sagte ich, das hat mich überkommen:

ich folgte Einem, und im Handumdrehn
warf ich die Pfeile. Und den Bogen nach.
Er hob sie auf und traf mich hundertfach.

DAS ZWANZIGSTE SONETT

Mir ward gewahrsagt, daß ich einmal sicher
den lieben werde, den man mir beschrieb.
Und da er kam, erkannt ich ihn: wie glich er
dem vorgesagten Bild. Ich sah, es trieb

ihn sein Verhängnis, und er tat mir leid
in seiner Liebe blindem Abenteuer:
so hielt ich denn auch mich für ihn bereit
und gab mir Mühe zu dem gleichen Feuer.

Wer hätte nicht gedacht, es müßte gut
fortschreiten, was Geschick und Himmel wollten?
Doch wenn ich denke, was für Donner grollten

und wie es sich umzog von allen Seiten:
mein ich, die Hölle hätte nicht geruht,
mir diese Untergänge zu bereiten.

DAS EINUNDZWANZIGSTE SONETT

Wie muß der Mann sein, Farbe, Haar und Wuchs,
damit er ganz gefalle? Welche Blicke
begegnen nirgends eines Widerspruchs?
Wer fügt die Wunden zu, die die Geschicke

nicht heilen können? Welches Lied allein
hat alle Macht der Welt? Wer kommt am weitsten,
wenn er ihn singt, in seinen Schmerz hinein?
Und was für Dinge sind es, die uns reizten?

Ich bin entscheidend nicht in solchen Sachen,
die Liebe hat mein Urteil in der Hand.
Ich weiß nur eins: der schönste Gegenstand

und alle Kunst, die die Natur erhöhte,
vermöchten nimmer, wenn man sie mir böte,
mir meine Sehnsucht sehnender zu machen.

DAS ZWEIUNDZWANZIGSTE SONETT

Was bist du glücklich, Sonnengott, du hast
die liebste Freundin stets in Sicht, und deine
leisere Schwester findet in die Haine,
wo sie Endymion umfaßt.

Mars sieht die Venus oft. Der Gott Merkur
schwärmt in den Himmeln und an andern Orten,
und Jupiter gewahrt noch da und dorten
die Jugend seiner hurtigen Natur.

Im Himmel hat ein großer Einklang recht,
in dem die Göttlichen getrost sich rühren.
Doch wäre, was sie lieben, plötzlich weit,

sie widersprächen ihrer Herrlichkeit
und wüßten sich so groß nicht aufzuführen
und mühten sich wie ich: umsonst und schlecht.

DAS DREIUNDZWANZIGSTE SONETT

Was hilft es mir, daß du so meisterhaft
mein Haar besangst und sein gesträhntes Gold,
und daß du diese meine Augen hold
wie Sonnen nanntest, deren reine Kraft

der Gott benutzt, dich innig zu verstören?
Wo sind die Tränen, die dir schnell vergingen?
Wo ist der Tod? Ich höre dich noch schwören,
er einzig könne deine Liebe zwingen.

Das also war der Sinn von deiner List,
mir, da du mir dies alles zugetragen,
Eintrag zu tun. Laß mich dirs heute sagen

und dich im Zorn schon um Verzeihung bitten
für dieses Wort. Es bleibt mir unbestritten:
Du quälst dich so wie ich, wo du auch bist.

DAS VIERUNDZWANZIGSTE SONETT

Ach, meine Liebe, werft sie mir nicht vor,
ihr Damen: daß mich tausend Brände brannten
und tausend Schmerzen mich ihr eigen nannten
und daß ich weinend meine Zeit verlor.

Hängt meinem Namen keinen Tadel an.
Ich unterlag, doch der mich überwunden,
der Gott, liegt in der Luft. Seid still. Er kann
mit einem Male, wenn er euch gefunden,

ohne daß er Adonis und Vulkan
herabbemühe, euch so heftig nahn,
daß ihr nicht anders könnt, als mehr noch lieben.

Und vielleicht ruht er dann nicht eher, bis
ihr rasend seid, und häuft das Hindernis
und treibt euch ärger, als er mich getrieben.

ZU DIESER AUSGABE

insel taschenbuch 355
Rainer Maria Rilke, Die Liebenden

Die Zusammenstellung der drei selbständigen Arbeiten *Die Liebe der Magdalena, Portugiesische Briefe* und *Die vierundzwanzig Sonette der Louïze Labé* erschien erstmals 1979 unter dem Titel »Die drei Liebenden«. Von der fünften Auflage (1991) an unter dem Titel »Die Liebenden« mit neuem Umschlagmotiv: Antonio Canova, Amor und Psyche. Ausschnitt. Foto: Réunion des Musées Nationaux, Paris.

Die Liebe der Magdalena. Titel der französischen Originalausgabe: L'Amour de Madeleine, Chef-d'Œuvre de l'Eloquence Française découvert dans le manuscrit Q, I, 14 de la Bibliothèque Impériale de Saint-Pétersbourg par l'Abbé Joseph Bonnet, docteur en théologie et en droit canonique. Paris, Librairie des Saints-Pères, o.J. [1909]. Entstehungsdatum der Übertragung: Ende Mai 1911. Erstveröffentlichung: Die Liebe der Magdalena. Ein französischer Sermon gezogen durch den Abbé Joseph Bonnet aus dem Manuskript Q, I, 14 der Kaiserlichen Bibliothek zu St. Petersburg. Übertragung durch Rainer Maria Rilke. Leipzig im Insel Verlag 1912. Der vorliegende Text folgt der Ausgabe Rainer Maria Rilke, Übertragungen. Herausgegeben von Ernst Zinn und Karin Wais. Insel Verlag Frankfurt am Main 1975, S. 65-87. © Insel Verlag 1912.

Portugiesische Briefe. Titel der französischen Originalausgabe, die als freie literarische Neuschöpfung Gabriel-Joseph de Lavergne Seigneur de Guilleragues (1628-1685) zugeschrieben wird: Lettres portugaises. Entstehungsdatum der Übertragung: April 1913. Erstveröffentlichung: Portugiesische Briefe. Die Briefe der Marianna Alcoforado, übertragen von Rainer Maria Rilke. Im Insel-Verlag zu Leipzig 1913. Insel-Bücher Nr. 74. Der vorliegende Text folgt der Ausgabe: Rainer Maria Rilke, Übertragungen. Herausgegeben von Ernst Zinn und Karin Wais. Insel Verlag Frankfurt am Main 1975, S. 89-121.

Die Vierundzwanzig Sonette der Louïze Labé. Titel der Originalausgabe (das erste Sonett italienisch, die übrigen französisch): Sonnets, 1555. Entstehungsdaten der Übertragung: Rilke hat die meisten Sonette im April und Anfang Mai 1913 in Paris übersetzt. Einige Versionen, so die

96

des achten und neunten Sonetts, gehen bis 1911 zurück. Ersausgabe:
Die Vierundzwanzig Sonette der Louïze Labé/Lyoneserin. 1555.
Übertragen von Rainer Maria Rilke. Im Insel Verlag zu Leipzig [1917].
Insel-Bücherei Nr. 222 (Zweisprachige Ausgabe). Der vorliegende
Text folgt der Ausgabe: Rainer Maria Rilke, Übertragungen. Heraus-
gegeben von Ernst Zinn und Karin Wais. Insel Verlag Frankfurt am
Main 1975, S. 149-174. © Insel Verlag 1913 und 1917.
Umschlagabbildung: Antonio Canova, Amor und Psyche. 1787-93;
Detail. Louvre, Paris. Foto: Réunion des musées nationaux, Paris.

INHALT

Die Liebe der Magdalena

7

Portugiesische Briefe
Die Briefe der Marianna Alcoforado

33

Die vierundzwanzig Sonette
der Louïze Labé

69

Rainer Maria Rilke
im Insel Verlag
Eine Auswahl

Werke. Kommentierte Ausgabe in vier Bänden und einem Supplementband. Herausgegeben von Manfred Engel, Ulrich Fülleborn, Horst Nalewski, August Stahl. 4940 Seiten. Leinen; Supplementband herausgegeben von Manfred Engel und Dorothea Lauterbach

Sämtliche Werke in sieben Bänden. Herausgegeben vom Rilke-Archiv. In Verbindung mit Ruth Sieber-Rilke besorgt durch Ernst Zinn. Dünndruck-Ausgabe. 6892 Seiten. Leinen; Band 7 in Verbindung mit Hella Sieber-Rilke besorgt durch Walter Simon, Karin Wais und Ernst Zinn

Gesammelte Werke in neun Bänden. Mit Nachworten herausgegeben von Manfred Engel, Ulrich Fülleborn, Horst Nalewski und August Stahl. it 2816. 1648 Seiten
Auch einzeln lieferbar

Einzelausgaben

Ausgesetzt auf den Bergen des Herzens. Gedichte aus den Jahren 1906 bis 1926. it 98. 206 Seiten

Das Buch der Bilder. it 26. 117 Seiten

Duineser Elegien. Die Sonette an Orpheus. it 80. 89 Seiten

Erste Gedichte. Larenopfer. Traumgekrönt. Advent. it 1090. 167 Seiten

Frühe Gedichte. it 878. 117 Seiten

Die Gedichte in einem Band. Leinen und it 2246. 1132 Seiten

Gedichte. Aus den Jahren 1902 bis 1917. Taschenbuchausgabe der 1931 als Privatdruck erschienenen Edition der Handschrift R. M. Rilkes. Illustriert von Max Slevogt. it 701. 236 Seiten

Neue Gedichte. Der neuen Gedichte anderer Teil. Mit einem Nachwort von Ulrich Fülleborn. it 2687. 102 Seiten

Das Stunden-Buch. Enthaltend die drei Bücher: Vom mönchischen Leben. Von der Pilgerschaft. Von der Armut und vom Tode. Pappband und it 2. 119 Seiten

Die Aufzeichnungen des Malte Laurids Brigge. Leinen, it 630 und it 2565. 230 Seiten

Die Erzählungen. Leinen und it 1717. 434 Seiten

Geschichten vom lieben Gott. Illustrationen von E. R. Weiß. it 43. 109 Seiten und it 2313. Großdruck. 158 Seiten

Die Letzten. Im Gespräch. Der Liebende. it 935. 76 Seiten

Zwei Prager Geschichten. Und ›Ein Prager Künstler‹. Mit Illustrationen von Emil Orlik. Herausgegeben von Josef Mühlberger. it 235. 149 Seiten

Auguste Rodin. Mit 96 Abbildungen. it 766. 143 Seiten

Briefe über Cézanne. Herausgegeben von Clara Rilke. Besorgt und mit einem Nachwort versehen von Heinrich Wiegand Petzet. Mit siebzehn farbigen Abbildungen. it 672. 140 Seiten

Worpswerde. Fritz Mackensen. Otto Modersohn. Fritz Overbeck. Hans am Ende. Heinrich Vogeler. Mit zahlreichen Farbtafeln und Abbildungen im Text. it 1011. 236 Seiten

Über moderne Malerei. Herausgegeben von Martina Krieß-bach-Thomasberger. Mit zahlreichen farbigen Abbildungen. it 2546. 180 Seiten

Die Liebenden. Die Liebe der Magdalena. Portugiesische Briefe: Die Briefe der Marianna Alcoforado. Die vierund-zwanzig Sonette der Louïze Labé.
it 355. 94 Seiten und it 2366. Großdruck. 126 Seiten

Briefe und Tagebücher

Das Florenzer Tagebuch. Herausgegeben von Ruth Sieber-Rilke und Carl Sieber. it 1597. 116 Seiten

Rainer Maria Rilke / Lou Andreas-Salomé. Briefwechsel. Herausgegeben von Ernst Pfeiffer. it 1217. 647 Seiten

Rainer Maria Rilke. Briefwechsel mit Rolf von Ungern-Sternberg und weitere Dokumente zur Übertragung der »Stances« von Jean Moréas. Herausgegeben von Konrad Kratzsch und Vera Hauschild. 160 Seiten. Gebunden

Rainer Maria Rilke / Claire Goll. »Ich sehne mich sehr nach Deinen blauen Briefen«. Briefwechsel. Herausgegeben von Barbara Glauert-Hesse. it 2868. 215 Seiten

Sammlungen

»Hiersein ist herrlich«. Gedichte, Erzählungen, Briefe. Ausgewählt von Vera Hauschild. Mit einem Geleitwort von Siegfried Unseld. Mit Abbildungen. 240 Seiten. Leinen

In einem fremden Park. Gartengedichte. Zusammengestellt von Marianne Beuchert. Fotos von Marion Nickig. IB 1129 und it 1820. 77 Seiten

Lektüre für Minuten. Gedanken aus seinen Büchern und Briefen. Ausgewählt von Ursula und Volker Michels. 191 Seiten. Gebunden und it 1879. 173 Seiten

Liebesgedichte. Ausgewählt von Vera Hauschild. Mit einem Nachwort von Siegfried Unseld. it 2823. 101 Seiten

Liebesgeschichten. Ausgewählt von Vera Hauschild. it 2894. 120 Seiten

Rilke für Gestreßte. Ausgewählt von Vera Hauschild. it 2191. 100 Seiten

Rilkes Landschaft. In Bildern von Regina Richter. Zu Gedichten von Rainer Maria Rilke. Mit einem Nachwort von Siegfried Unseld. it 588. 86 Seiten

Vom Alleinsein. Geschichten. Gedanken. Gedichte. Herausgegeben von Franz-Heinrich Hackel. it 1216. 149 Seiten

Weihnachten. Briefe. Gedichte und die Erzählung »Das Christkind«. Herausgegeben von Hella Sieber-Rilke. it 2865. 120 Seiten

Reise nach Ägypten. Briefe, Gedichte, Notizen. Herausgegeben von Horst Nalewski. Mit zahlreichen Abbildungen.
it 2699. 176 Seiten

Mit Rilke durch die Provence. Herausgegeben von Irina Frowen. Mit farbigen Fotografien von Constantin Beyer.
it 2148. 126 Seiten

Rilke in Spanien. Gedichte, Briefe, Tagebücher. Herausgegeben von Eva Söllner. Mit farbigen Abbildungen.
it 1507. 165 Seiten

Biographien

Ralph Freedman. Rainer Maria Rilke. Übersetzt von Curdin Ebneter. Zwei Bände in Kassette. Auch einzeln lieferbar. Mit Abbildungen. Gebunden
- Erster Band: Der junge Dichter. 1875 – 1906. 460 Seiten
- Zweiter Band: Der Meister. 1906 – 1926. 650 Seiten

Zu Rainer Maria Rilke

Erinnerungen an Rainer Maria Rilke und Rilkes Mutter. Von Hertha König. Mit Abbildungen. Herausgegeben von Joachim W. Storck. it 2697. 142 Seiten

Die schönsten Liebesgedichte
der deutschen Literatur
im insel taschenbuch

Bertolt Brecht
Liebesgedichte
Ausgewählt von Werner Hecht
it 2824. 112 Seiten

Joseph von Eichendorff
Liebesgedichte
Ausgewählt von Wilfrid Lutz
it 2821. 128 Seiten

Johann Wolfgang Goethe
Liebesgedichte
Ausgewählt von Karl Eibl
it 2825. 128 Seiten

Heinrich Heine
Liebesgedichte
Ausgewählt von Thomas Brasch
it 2822. 96 Seiten

Hermann Hesse
Liebesgedichte
Ausgewählt von Volker Michels
it 2826. 128 Seiten

Rainer Maria Rilke
Liebesgedichte
Ausgewählt von Vera Hauschild
Mit einem Nachwort von Siegfried Unseld
it 2823. 112 Seiten

Die schönsten Liebesgedichte
Ausgewählt von Günter Berg
it 2827. 128 Seiten

Liebesgedichte in der Insel-Bücherei
Eine Auswahl

Johann Wolfgang von Goethe
Alle Freuden, die unendlichen
Liebesgedichte und Interpretationen
Herausgegeben von Marcel Reich-Ranicki
IB 1028. 184 Seiten

Hafis
Liebesgedichte
Übertragen von Cyrus Atabay
IB 1009. 90 Seiten

Adam Mickiewicz
Dich anschaun. Liebesgedichte
Zweisprachige Ausgabe
Aus dem Polnischen übertragen und
herausgegeben von Karl Dedecius
IB 1192. 62 Seiten

»Liebe«
Anthologien
im insel taschenbuch

An mein Kind. Gedichte an Töchter und Söhne.
it 2227. 146 Seiten

Casanova-Geschichten. Ausgewählt von Eckhart Kleßmann.
it 2117. 361 Seiten

Giacomo Casanova. Die Lust des Lebens und der Liebe. Gedanken über die Lebenskunst. Ausgewählt von Eckart Kleßmann. it 2807. 220 Seiten

Für immer und ewig. Das Buch für Paare. Ausgewählt von Günter Stolzenberger. it 2819. 288 Seiten

Hermann Hesse. Wer lieben kann, ist glücklich. Über die Liebe. it 2855. 224 Seiten

Der Kuß. Von der schönsten Sache der Welt. Herausgegeben von Doris Maurer. it 2168. 190 Seiten

Liebeszauber. Die schönsten deutschen Liebesgedichte aus fünf Jahrhunderten. Ausgewählt von Günter Berg. Großdruck. it 2413. 168 Seiten

Matrosen sind der Liebe Schwingen. Homosexuelle Poesie von der Antike bis zur Gegenwart. Herausgegeben von Joachim Campe. it 1599. 188 Seiten

Ovid. Liebeskunst. Mit Abbildungen nach etruskischen Wandmalereien. it 164. 113 Seiten

Die schönsten Liebesgedichte. Herausgegeben von Sigrid Damm. it 1872. 167 Seiten

Die schönsten Liebesgeschichten. Ausgewählt von Elisabeth Borchers. it 2213. 375 Seiten

Über die Liebe. Gedichte und Interpretationen aus der »Frankfurter Anthologie«. Herausgegeben von Marcel Reich-Ranicki. it 794. 346 Seiten

»Das Leben lieben«

*Anthologien
im insel taschenbuch*

Glück. Erkundigungen, eingeholt von Gottfried Honnefelder.
it 1459. 377 Seiten

Einsamkeiten. Ein Lesebuch. Herausgegeben von Ilma
Rakusa. it 1691. 230 Seiten

Gedanken zur Nacht. Ausgewählt von Rainer Weiss. it 2737.
176 Seiten

Das Leben lieben. Ausgewählt von Rainer Weiss.
it 2634. 176 Seiten

Orte der Seele. Gedanken über das Jenseits. Herausgegeben
von Hans-Joachim Simm. it 2238. 327 Seiten

Vom Abschied. Eine Gedichtsammlung. Herausgegeben von
Margot Litten. it 694. 177 Seiten

Über die Freundschaft. Herausgegeben von Hans-Ulrich
Müller-Schwefe. it 1783. 227 Seiten

Vom Geheimnis der alltäglichen Dinge. Gedanken, Betrachtungen und Erfahrungen. Herausgegeben von Johannes
Werner. it 2172. 193 Seiten

Vom Mitleid. Die heilende Kraft. Herausgegeben von Ulrich
Kronauer. it 2503. 208 Seiten

Von der Gelassenheit. Texte zum Nachdenken. Herausgegeben von Hans-Joachim Simm. it 2105. 170 Seiten

NF 18/1/5.02

Von der Versöhnung. Texte zum Nachdenken. Ausgewählt von Hans-Joachim Simm. it 2779. 160 Seiten

Von der Würde des Menschen. Ausgewählt von Hans-Joachim Simm. it 2545. 151 Seiten

Was also ist die Zeit? Erfahrungen der Zeit, gesammelt von Gottfried Honnefelder. it 1774. 284 Seiten

NF 18/2/5.02